Distribution in Afrika

Lizenz zum Wissen.

Sichern Sie sich umfassendes Wirtschaftswissen mit Sofortzugriff auf tausende Fachbücher und Fachzeitschriften aus den Bereichen: Management, Finance & Controlling, Business IT, Marketing, Public Relations, Vertrieb und Banking.

Exklusiv für Leser von Springer-Fachbüchern: Testen Sie Springer für Professionals 30 Tage unverbindlich. Nutzen Sie dazu im Bestellverlauf Ihren persönlichen Aktionscode C0005407 auf www.springerprofessional.de/buchkunden/

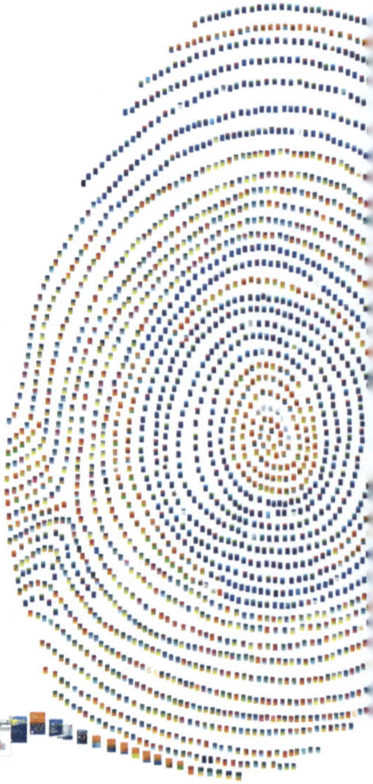

Jetzt 30 Tage testen!

Springer für Professionals.
Digitale Fachbibliothek. Themen-Scout. Knowledge-Manager.

- Zugriff auf tausende von Fachbüchern und Fachzeitschriften
- Selektion, Komprimierung und Verknüpfung relevanter Themen durch Fachredaktionen
- Tools zur persönlichen Wissensorganisation und Vernetzung

www.entschieden-intelligenter.de

Springer für Professionals

Philipp von Carlowitz · Alexander Röndigs

Distribution in Afrika

Distributionslogistik in Westafrika
als Beispiel

Philipp von Carlowitz
ESB Business School
Hochschule Reutlingen
Reutlingen
Deutschland

Alexander Röndigs
München
Deutschland

ISBN 978-3-658-10584-6   ISBN 978-3-658-10585-3 (eBook)
DOI 10.1007/978-3-658-10585-3

Die Deutsche Nationalbibliothek verzeichnet diese Publikation in der Deutschen Nationalbibliografie; detaillierte bibliografische Daten sind im Internet über http://dnb.d-nb.de abrufbar.

Springer Gabler
© Springer Fachmedien Wiesbaden 2016
Das Werk einschließlich aller seiner Teile ist urheberrechtlich geschützt. Jede Verwertung, die nicht ausdrücklich vom Urheberrechtsgesetz zugelassen ist, bedarf der vorherigen Zustimmung des Verlags. Das gilt insbesondere für Vervielfältigungen, Bearbeitungen, Übersetzungen, Mikroverfilmungen und die Einspeicherung und Verarbeitung in elektronischen Systemen.
Die Wiedergabe von Gebrauchsnamen, Handelsnamen, Warenbezeichnungen usw. in diesem Werk berechtigt auch ohne besondere Kennzeichnung nicht zu der Annahme, dass solche Namen im Sinne der Warenzeichen- und Markenschutz-Gesetzgebung als frei zu betrachten wären und daher von jedermann benutzt werden dürften.
Der Verlag, die Autoren und die Herausgeber gehen davon aus, dass die Angaben und Informationen in diesem Werk zum Zeitpunkt der Veröffentlichung vollständig und korrekt sind. Weder der Verlag noch die Autoren oder die Herausgeber übernehmen, ausdrücklich oder implizit, Gewähr für den Inhalt des Werkes, etwaige Fehler oder Äußerungen.

Gedruckt auf säurefreiem und chlorfrei gebleichtem Papier

Springer Fachmedien Wiesbaden GmbH ist Teil der Fachverlagsgruppe Springer Science+Business Media (www.springer.com)

Vorwort

Getrieben durch die Nachfrage nach günstigen Rohstoffen wächst seit vielen Jahren das Interesse westlicher Unternehmen am afrikanischen Kontinent. Doch erst seit kurzem erkennen Unternehmen das enorme Wachstumspotenzial des Kontinents als Absatzmarkt. Steigende Einkommen, eine wachsende Mittelschicht und ein konstantes Bevölkerungswachstum sind nur einige der relevanten Treiber. Mit diesen Attraktivitätsmerkmalen geht auch die Frage einher, wie man als Unternehmen auf diesen Märkten profitieren kann. Dies gilt vor allem vor dem Hintergrund, dass die Marktsituation sowie die geschäftlichen Rahmenbedingungen noch immer nicht westlichen Erwartungen entsprechen. Diese Frage und die Unsicherheiten der afrikanischen Märkte führen oft dazu, dass Unternehmen sich scheuen, in afrikanische Märkte einzutreten, und diese nur „stiefmütterlich" bearbeiten.

Dieses Fachbuch zielt darauf ab, einen Teil der Herausforderungen, denen sich Unternehmen beim Markteintritt gegenübersehen, klar zu benennen und zu bewerten sowie Lösungsansätze im Umgang mit ihnen zu entwickeln. Dabei wird der Schwerpunkt auf das Thema der Distribution und insbesondere der Distributionslogistik in Westafrika gelegt. Wie sind die Situation und die zu erwartende Entwicklung der Verkehrsinfrastruktur sowie der Logistiksituation heute und in Zukunft in Sub-Sahara-Afrika und insbesondere Westafrika einzuschätzen? Welche Herausforderungen ergeben sich konkret für eine effiziente Distributionslogistik, um eine sachgemäße, zuverlässige und kostengünstige Belieferung von Kunden zu gewährleisten? Welche konkreten und praktisch umsetzbaren Lösungsansätze zum Umgang mit diesen Herausforderungen gibt es?

Die in diesem Buch enthaltenen Erkenntnisse stützen sich ebenso auf Wirtschaftsdaten und -informationen wie auf aktuelle Forschungsergebnisse basierend auf Experteninterviews. Die Erfahrungen der befragten Logistik- und Vertriebsexperten führender europäischer Unternehmen, die bereits erfolgreich in der Region aktiv sind, wurden wissenschaftlich ausgewertet. Die Ergebnisse der Auswertung sind im letzten Kapitel des Buches enthalten.

Dieses Fachbuch soll ein Impulsgeber für westliche Unternehmen sein, die afrikanischen Märkte nicht auf die Risiken und Herausforderungen zu reduzieren, sondern die Chancen zu sehen und zu erkennen, dass die unbestreitbaren Herausforderungen gelöst werden können. Es bietet für den Bereich der Distributionslogistik in Westafrika einige Lösungsansätze an, wie es auch für Herausforderungen in anderen Geschäftsbereichen Lösungen geben wird.

Wir möchten den Experten für ihre Zeit, die konkreten Beispiele und Erfahrungsberichte danken, die uns erlaubt haben, praxisnahe Lösungsansätze zu entwickeln. Unserer studentischen Hilfskraft Sophia Braun sei für die sehr gute Recherchearbeit gedankt. Des Weiteren danken wir dem Reutlinger Research Institut (RRI) sowie der ESB Business School für die Bereitstellung von Forschungsgeldern. Auch Eva-Maria Fürst vom Springer Verlag möchten wir für die gute redaktionelle Betreuung danken sowie Katharina Harsdorf für das exakte Lektorat.

Sollten Sie Anmerkungen, Erfahrungen oder Diskussionsbedarf zur Bearbeitung afrikanischer Märkte haben, so stehen wir Ihnen gerne zur Verfügung (vcarlowitz@institut-neuemaerkte.de).

Reutlingen, im August 2015   Prof. Dr. Philipp von Carlowitz
                                              Alexander Röndigs

Inhaltsverzeichnis

1 Einführung 1

2 Wirtschaft und Infrastruktur in Sub-Sahara-Afrika 5
   2.1 Wirtschaftliche Situation und Entwicklung
       in Sub-Sahara-Afrika 6
   2.2 Verkehrsinfrastruktursituation in Sub-Sahara-Afrika 15

3 Wirtschaft und Infrastruktur in Westafrika 23
   3.1 Wirtschaftliche Situation und Entwicklung in Westafrika 23
   3.2 Verkehrsinfrastruktur in Westafrika 34
       3.2.1 Zustand des Straßennetzes 37
       3.2.2 Situation in der Schifffahrt 42
       3.2.3 Zustand des Schienennetzes 45
       3.2.4 Situation im Lufttransport 46

4 Sonstige Einflussfaktoren auf die Logistiksituation in Westafrika ... 49

5 Erwartete Entwicklung der Rahmenbedingungen für Logistik 55

6 Implikationen für die Distributionslogistik in Westafrika 63
   6.1 Rolle der Distributionslogistik – Erfolgskriterien
       und Einflussfaktoren 63
   6.2 Situation in Westafrika und leistungsfähige
       Distributionslogistik 66
       6.2.1 Kosten der Distributionslogistik 70
       6.2.2 Transportdauer und -geschwindigkeit
             in der Distributionslogistik 73

6.2.3 Verfügbarkeit, Zuverlässigkeit und Flexibilität
der Distributionslogistik 76
6.2.4 Qualität der Distributionslogistik 77

7 Umgang mit der Distributionslogistiksituation in Westafrika 79

8 Schlussfolgerungen und Ausblick 87

9 Ergebnisse der Experteninterviews 91

Literatur 103

Einführung 1

„Afrika ist das neue Asien" – so der Titel eines aktuellen Buches (Hiller von Gaertingen 2014), das die allgemeine Einschätzung von Experten zum Wachstumspotenzial des afrikanischen Kontinents zusammenfasst. Zur Jahrtausendwende hat die Zeitschrift Economist (13.5.2000) Afrika noch als „the hopeless continent" betitelt; heute steht Afrika für den Markt der Zukunft. Mit den Titeln „Africa rising" und „The sun shines bright" (3.12.2011) musste dieselbe Zeitschrift elf Jahre später ihre Meinung radikal revidieren. Die United Nations Economic Commission for Africa (UNECA) gab 2013 folgende Einschätzung ab: „Given its remarkable growth since 2000, the continent has been hailed as the next frontier for opportunity and a potential global growth pole." (Lopes et al. 2013, S. 4).

Afrika bietet Chancen aufgrund der sehr hohen Wirtschaftswachstumsraten von über 5 %, teilweise noch deutlich höher, durch die ergiebigen Rohstoffvorkommen, die junge und schnell wachsende Bevölkerung sowie zunehmend sich verbessernde Rahmenbedingungen. Trotz aller Euphorie und hoher Wachstumsraten dürfen die Risiken und Herausforderungen auf dem afrikanischen Kontinent nicht unerwähnt bleiben. Laut dem Risiko-Institut Coface sind nur vier Länder in Sub-Sahara-Afrika mit einem „niedrigen wirtschaftlichen Risiko" eingestuft. Sechs weitere Länder haben eine Risikoklassifizierung mit einem *nur* „signifikanten Risiko". Alle anderen haben ein „hohes oder sehr hohes Länderrisiko" (Coface 2014a). Im Global Competitiveness Ranking 2014 des World Economic Forum (WEF) befinden sich 15 der 20 am niedrigsten bewerteten Länder in Sub-Sahara-Afrika. Allerdings gibt es auch einige Länder Afrikas, die in der oberen Hälfte rangieren, wie z. B. Südafrika, Ruanda und Mauritius (WEF 2014, S. 13 f.). Ein ähnliches Bild ergibt sich beim Doing Business Index der Weltbank, der unternehmerische Rahmenbedingungen bewertet: Die letzten sieben Ränge werden von afrikanischen Ländern belegt. Auf der anderen Seite gibt es acht Länder, die vor China oder im Falle von Mauritius (Rang 20) vor Deutschland liegen (World Bank 2013a, S. 3).

Eine der größten Herausforderungen ist laut dem WEF die Infrastruktursituation in Sub-Sahara-Afrika:[1] Nicht nur ist die Einstufung niedriger als die der anderen Wettbewerbsfähigkeitskriterien, sondern es gab in den letzten Jahren auch keine merkliche Verbesserung: „[...] the quality and quantity of infrastructure has largely stagnated at low levels since." (WEF 2013a, S. 10). Daraus ergibt sich auch das Ergebnis der regelmäßig durchgeführten Unternehmensumfrage der Weltbank, in der 28,6 % der befragten Unternehmen angeben, dass das Thema Transport eine wesentliche Beschränkung ihrer Geschäfte in Sub-Sahara-Afrika darstellt. Dabei sind die Werte der einzelnen Länder sehr unterschiedlich: Am positiven Ende stehen Südafrika mit 3,9 % der Befragten, Simbabwe (10,1 %) und Äthiopien (10,2 %). Für diese Länder stuft eine überschaubare Anzahl von Unternehmen Transport als ein kritisches Thema ein. Am unteren Ende stehen Guinea (51,5 %), Niger (50 %) und Gambia (48,8 %) (World Bank o. J.).[2] Die Darstellung dieser Herausforderungen soll nicht abschrecken, sondern nur darauf hinweisen, dass bei geschäftlicher Aktivität mit spezifischen Risiken umgegangen werden muss und dass Sub-Sahara-Afrika nicht als ein homogener Markt mit einheitlichen Rahmenbedingungen gesehen werden darf.

Die genannten Herausforderungen in der Transportinfrastruktur und -situation können den Geschäftserfolg von Unternehmen maßgeblich negativ beeinflussen, da sie die Distribution, d. h. die Verteilung der Produkte an die Verbraucher, maßgeblich behindern und verteuern. Die Distributionskosten in Sub-Sahara-Afrika sind, gemessen als Exportkosten, doppelt so hoch wie die in den OECD-Ländern und Ostasien sowie 60 % höher als in Lateinamerika (Coface 2014b, S. 11). Dies ist von großer Bedeutung, wenn man Behle et al. zustimmt, die die Distributionsstrategie als „[...] Grundlage für Profitabilität, finanzielle Stabilität und Umsatzwachstum [...]" (2009, S. 23) von Unternehmen sehen und ihr damit eine herausragende Bedeutung im Geschäftsmodell einräumen.

Distribution wird in dem vorliegenden Buch definiert als die „gesamtwirtschaftliche Verteilung der Distributionsobjekte (Waren, Dienstleistungen, Rechte, Entgelte und Informationen). [...] Üblicherweise werden als Distribution alle Prozesse bezeichnet, die zwischen Produzenten und Händlern bis hin zum Letztabnehmer im Absatzkanal ablaufen." (Kenning 2015). Innerhalb der Begrifflichkeit der Distribution werden zwei zusammenhängende Aspekte unterschieden:

---

[1] Andererseits bietet die sogenannte Infrastrukturlücke große Chancen für Bauunternehmen: Laut einer Unternehmensumfrage wird die Transportinfrastruktur als einer der drei attraktivsten Absatzmärkte in Afrika für Bauunternehmen eingestuft (Ernst & Young 2014, S. 61).
[2] Zum Vergleich: In den OECD-Ländern sind es 13 %, die eine solche Einschränkung sehen (World Bank o. J.).

1 Einführung

1. Akquisitorische Distribution ist die Gewinnung von Kunden durch optimale Platzierung und Verteilung von Produkten.
2. Physische Distribution oder Distributionslogistik dient der Erfüllung der Lieferverpflichtung eines abgeschlossenen Kaufvertrags (Thommen 2008, S. 173).

Der Zusammenhang zwischen akquisitorischer und physischer Distribution kann folgendermaßen beschrieben werden: Die Distributionslogistik sorgt dafür, dass „[d]ie Abwicklung der durch die akquisitorische Distribution vom Betrieb erzielten Aufträge [...]" problemlos erfolgt (Hudetz et al. 2009, S. 17). Somit hängt die Struktur der Distributionslogistik i. d. R. von den genutzten Vertriebswegen der akquisitorischen Distribution ab (Gudehus 2010, S. 541).

In diesem Buch wird der Schwerpunkt auf die Distributionslogistik gelegt, da diese durch die schwierige Logistiksituation in Sub-Sahara-Afrika vor besonderen Herausforderungen steht:

> Die Distributionslogistik beschäftigt sich mit der Planung, Organisation und Durchführung von Prozessen der Warenverteilung zur jeweils nachgelagerten Wirtschaftsstufe bzw. zum Endverbraucher. Distributionslogistik beginnt in der Regel mit dem Abschluss der Produktion und endet mit der Bereitstellung der Güter beim Letztverbraucher oder -nutzer. (Gleißner 2012, S. 125)

Die Analyse fokussiert sich aus zwei Gründen auf Westafrika:

1. Westafrika ist die Region mit der höchsten Wachstumsdynamik in Afrika.
2. Anhand einer Auswertung der Hofstede'schen Kulturdimensionen sind die kulturellen Unterschiede innerhalb Westafrikas viel geringer als zu anderen afrikanischen Ländern (eigene Auswertung basierend auf Hofstede 2001), sodass von einem gewissen Maß an Homogenität in Westafrika ausgegangen werden kann.

Westafrika wird zum Zwecke der Eindeutigkeit mit der „Economic Community of West African States" (ECOWAS) abgegrenzt (ECOWAS o. J.).[3]

Somit lautet die in diesem Buch zu untersuchende Fragestellung: Wie können Unternehmen mit den schwierigen Rahmenbedingungen der Verkehrsinfrastruktur- und Transportsituation in Westafrika umgehen, damit die Profitabilität der Geschäfte in Westafrika nicht durch die Distributionslogistik übermäßig belastet wird? Die folgenden Ausführungen haben zum Ziel, die Herausforderung der

---

[3] ECOWAS-Mitglieder sind folgende 15 Länder: Benin, Burkina Faso, Elfenbeinküste, Gambia, Ghana, Guinea, Guinea-Bissau, Kap Verde, Liberia, Mali, Niger, Nigeria, Senegal, Sierra Leone und Togo.

westafrikanischen Transportinfrastruktur und -situation für die Distributionslogistik von Unternehmen bei der Marktbearbeitung in Westafrika zu beleuchten und mögliche Ansätze zum Umgang mit den Rahmenbedingungen aufzuzeigen. Das Buch ist wie folgt strukturiert: Zuerst wird der regionale Kontext durch eine kurze Darstellung der wirtschaftlichen und infrastrukturellen Situation und Entwicklung von Sub-Sahara-Afrika hergestellt. Im Folgenden wendet sich die Analyse der wirtschaftlichen Situation in der ECOWAS-Region zu, um danach die dortige Verkehrsinfrastruktursituation und -entwicklung sowie die weichen Faktoren der Transportsituation detailliert darzustellen. Daraus werden Herausforderungen für Unternehmen bezüglich ihres Distributionsansatzes abgeleitet, um abschließend mögliche Maßnahmen zu identifizieren, welche die Leistungsfähigkeit der Distributionslogistik in Westafrika erhöhen. Dazu wurden Interviews mit Experten aus verschiedenen Unternehmen des verarbeitenden Gewerbes sowie Logistikfirmen durchgeführt.[4]

---

[4] Die Experteninterviews wurden leitfadenbasiert durchgeführt und sind hypothesengestützt, um spezifisches Wissen zum Einfluss der Transportsituation – „harte" und „weiche" Faktoren – auf die Distributions(logistik)kosten zu generieren sowie Erfolgsfaktoren und Wege im Umgang mit den Rahmenbedingungen zu identifizieren. Es wurden zwölf Experten aus neun Unternehmen des verarbeitenden Gewerbes, der Bauindustrie und der Logistikbranche interviewt. Bei den befragten Experten handelt es sich um Verantwortliche für die Region Westafrika in Vertrieb und Distribution. Die Experten waren in lokalen westafrikanischen Unternehmen oder deutschen Unternehmen mit einem nennenswerten Geschäft in Westafrika tätig. Die Interviews fanden teilweise persönlich, teilweise per Telefon statt. Alle Interviews wurden digital aufgenommen und haben zwischen 90 und 120 min gedauert. Die Ergebnisse sind in Kap. 9 zusammengefasst.

Wirtschaft und Infrastruktur in Sub-Sahara-Afrika

Sub-Sahara-Afrika umfasst knapp eine Milliarde Menschen (13,1 % der Weltbevölkerung), hat eine Fläche von 24,3 Mio. Quadratkilometern (18,1 % der Weltlandfläche), trug 2013 aber nur 3 % zum globalen BIP bei (3,1 Billionen USD PPP) bei einem Pro-Kopf-Einkommen von 3314 USD (PPP), was lediglich 23,1 % des Weltdurchschnittes entspricht. Gleichzeitig ist es den Ländern gelungen, den Anteil der Bevölkerung, der von unter 1,25 USD (2005, PPP) pro Tag lebt, von 56,6 % im Jahr 1990 auf geschätzte 40,9 % im Jahr 2015 zu senken. Andere Regionen haben zwar eine deutlich stärkere Entwicklung in der Armutsbekämpfung erzielt, wie z. B. Ostasien, wo die Armut (Einkommen von unter 1,25 USD pro Tag) von 1990 bis 2015 von 57 auf 4,1 % gesunken ist, oder Südasien (von 54,1 auf 18,1 % im gleichen Zeitraum), aber deren Entwicklung fand kontinuierlich über einen längeren Zeitraum statt und nicht, wie in Afrika, innerhalb von zehn Jahren (World Bank 2015b, S. 35). Eine ähnliche Verbesserung sieht man auch in dem breit angelegten Human Development Indicator (HDI),[1] wonach Sub-Sahara-Afrika sich zwischen 2010 und 2013 von 0,468 auf 0,502 verbessert hat (1 ist höchster Wert), allerdings im Regionenvergleich noch das Schlusslicht ist. Auf der anderen Seite war die Verbesserung des Index-Wertes in dieser Periode in Sub-Sahara-Afrika mit 7,3 % mit Abstand am höchsten, sodass die Region aufholt (UNDP 2014, S. 34).

In diesem Kapitel gilt es, die wirtschaftliche Situation und Entwicklung in Sub-Sahara-Afrika genauer zu beleuchten, um die grundlegende Attraktivität und Stabilität zu konstatieren und die Region Westafrika in den regionalen Kontext einzubetten. Die wirtschaftliche Situation steht in einer Wechselwirkung mit dem Zustand der Infrastruktur, auch der Verkehrsinfrastruktur: Je ärmer die Länder sind,

---

[1] Der HDI Index berücksichtigt neben dem Pro-Kopf-Einkommen (PPP) auch die Lebenserwartung, die erwarteten Jahre in Ausbildung sowie die tatsächlichen durchschnittlichen Ausbildungszeiten.

© Springer Fachmedien Wiesbaden 2016
P. von Carlowitz, A. Röndigs, *Distribution in Afrika*,
DOI 10.1007/978-3-658-10585-3_2

desto schlechter ist i. d. R. die Verkehrsinfrastruktur. Aus diesem Grund wird auf die wirtschaftliche Situation sowie das Potenzial des Kontinents und, in Kap. 3, insbesondere das von Westafrika eingegangen, um die Situation, die Herausforderungen und die Bedeutung der Verkehrsinfrastruktur für die Regionen, aber auch für den Untersuchungsgegenstand dieses Buches, die Distributionslogistik in Westafrika, besser bewerten zu können.

2.1 Wirtschaftliche Situation und Entwicklung in Sub-Sahara-Afrika

Betrachtet man die regionale Verteilung des afrikanischen BIP im Jahr 2014, so sieht man, dass Sub-Sahara-Afrika ca. zwei Drittel der Wirtschaftskraft des Kontinents erbringt (vgl. Abb. 2.1).

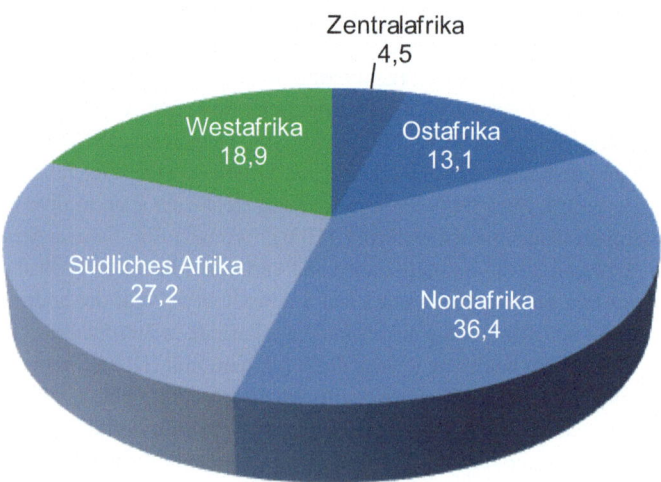

Abb. 2.1 Regionale Aufteilung des afrikanischen BIP 2014 (reale USD, 2000 = 100). (Quelle: AfDB (o. J.d))

2.1 Wirtschaftliche Situation und Entwicklung in Sub-Sahara-Afrika

Zwar ist das südliche Afrika immer noch die Region mit der größten Wirtschaftsmacht, es hat aber seit 2004 an Anteil verloren, wohingegen West- und Ostafrika dazugewonnen haben (AfDB o. J.d). Fokussiert man sich auf Sub-Sahara-Afrika, so weist die Region gesamtwirtschaftliche Wachstumsraten der letzten zehn Jahre von über 5 % im Durchschnitt auf, und auch die Vorhersagen liegen in dieser Größenordnung. Dabei erweist sich Westafrika, mit Wachstumsraten seit 2010 von ca. 7 % p. a., als die dynamischste Region auf dem Kontinent (vgl. Abb. 2.2).

Das Wachstum in Sub-Sahara-Afrika ist i. d. R. überproportional von den ölproduzierenden Ländern getrieben, deren Wachstum in den vergangenen Jahren immer um ca. 0,5 %-Punkte über dem Durchschnitt der gesamten Region lag. Allerdings wird dieses Wachstum aufgrund der aktuell gesunkenen Ölpreise sowie der kontinuierlich fallenden Weltmarktpreise für landwirtschaftliche Produkte stark gedämpft. Zwischen April 2011 und Anfang 2015 ist der Weltmarktpreisindex für landwirtschaftliche Produkte um 21 %, der Energie-Weltmarktpreisindex um 24,7 % gesunken. Die Ölpreise sind seit Juni 2014 sogar um 50 % gesunken (Index Mundi o. J.). Dies hat dazu geführt, dass das Wirtschaftswachstum in Sub-Sahara-Afrika geringer ausfallen wird, als die AfDB noch 2014 vorhersagte: Der Internationale Währungsfonds geht in seiner aktuellen Prognose vom April 2015 für Sub-Sahara-Afrika nur noch von 4,5 % (2015) und 5,1 % (2016) realem BIP-Wachstum aus. Dies ist eine Reduktion um 1,25 %-Punkte verglichen mit der IMF-Herbstprognose 2014. Für die ölexportierenden Länder wurde die Prognose sogar

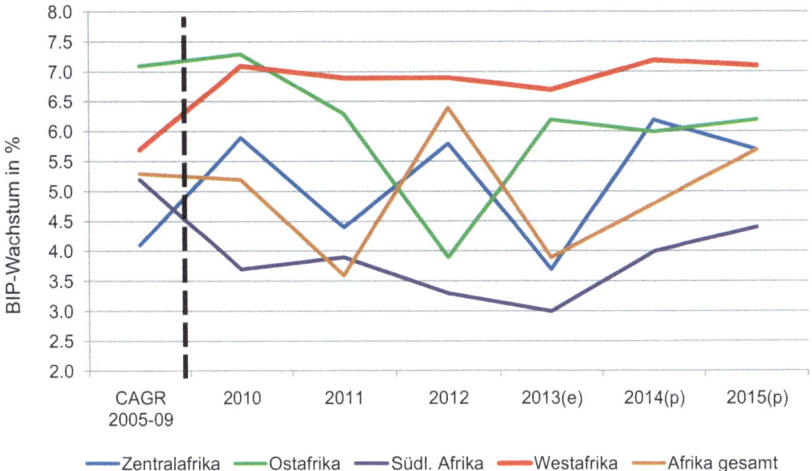

Abb. 2.2 BIP-Wachstum der Regionen Sub-Sahara-Afrikas. (Quelle: Eigene Darstellung basierend auf Daten von AfDB et al. (2014a, S. 42))

um 2,5 %-Punkte reduziert; die ölimportierenden Länder profitieren hingegen von den gesunkenen Energieträgerpreisen (IMF 2015a, S. 2, 16, 65). Hier wird die Abhängigkeit der wirtschaftlichen Entwicklung afrikanischer Länder von Weltmarktpreisentwicklungen deutlich.

Die wichtigsten Wachstumstreiber in Sub-Sahara-Afrika sind binnenwirtschaftlicher Natur, mit einem starken privaten Konsum sowie privaten und öffentlichen Investitionen. Vor diesem Hintergrund existieren sowohl im B2B-Bereich als auch im Konsumgüterbereich (B2C-Branchen) attraktive Märkte und Geschäftsmöglichkeiten in Sub-Sahara-Afrika.

1. B2B-Chancen: Vor allem die privaten Investitionen sind mit 6,6 % im Durchschnitt zwischen 2000 und 2011 in der Sub-Sahara-Region überproportional gewachsen. Trotz des, mit anderen Entwicklungsregionen verglichen, niedrigen Investitionsanteils an der gesamtwirtschaftlichen Leistung deuten die stark steigenden Investitionen auf zukünftiges Wachstum hin (UNCTAD 2014a, S. 14 ff.). Neben den inländischen Investitionen fließen zunehmend große Investitionssummen aus dem Ausland. Für 2014 wurden Finanzzuflüsse von über 200 Mrd. USD erwartet, wovon 24 Mrd. USD Portfolioinvestitionen, 67 Mrd. USD Überweisungen von Afrikanern aus dem Ausland und 55 Mrd. USD öffentliche Gelder der Entwicklungszusammenarbeit waren. Diese Geldflüsse finanzieren direkt oder indirekt nationale Investitionen in der Wirtschaft und verringern damit die Enge der lokalen Finanzmärkte in Sub-Sahara-Afrika. Von den gut 200 Mrd. USD ausländischer Finanzzuflüsse sind 60 Mrd. USD Direktinvestitionen, also Investitionen in produktive Aktivitäten (AfDB et al. 2014a, S. 51). Entgegen herkömmlichen Meinungen beschränken sich die ausländischen Investitionen nicht nur auf das Öl- und Gasgeschäft, sondern fließen zunehmend in vielfältige Industrien. Afrika weist einen überproportional hohen Anteil von ausländischen Direktinvestitionen an den Gesamtinvestitionen der Region auf: Mit 25 % im Durchschnitt zwischen 2000 und 2012, verglichen mit knapp 19 % im nicht afrikanischen Durchschnitt, ist Afrika noch stark von ausländischen Investoren abhängig, um eine eigene verarbeitende Industrie aufzubauen (UNCTAD 2014a, S. 27). Diese Entwicklung bei den Direktinvestitionen deutet auf das steigende Interesse der ausländischen Investoren und Unternehmen an Sub-Sahara-Afrika als Absatzmarkt sowie als Produktionsstandort hin. Diese Attraktivität wird in einer Umfrage bestätigt, nach der 73 % der Befragten aus nichtafrikanischen Unternehmen für die nächsten drei Jahre einen Anstieg der Geschäftsattraktivität erwarten (Ernst & Young 2014, S. 56). Chinesische und indische Unternehmen sind Vorreiter beim unternehmerischen Engagement auf dem afrikanischen Kontinent, wie ihre Direktinvestitionszahlen in Afrika zeigen: 2012 investierten chinesische Unternehmen

ca. 7 Mrd. USD in Sub-Sahara-Afrika (Heritage Foundation, 2014).[2] Deutschland im Vergleich dazu investierte nur 268 Mio. USD im Jahr 2012 (Deutsche Bundesbank 2014, S. 18).[3] Allerdings steigt das deutsche Interesse an afrikanischen Märkten zunehmend. So hat der Bundesverband der Deutschen Industrie (BDI) im September 2014 eine Afrika-Strategie entwickelt, in der auf die Chancen in Afrika hingewiesen und die deutsche Bundesregierung aufgefordert wird, die deutsche Industrie in ihrem Engagement zu unterstützen (BDI 2014). Auch der Präsident des Verbandes Deutscher Maschinen- und Anlagenbau (VDMA) Reinhold Feske fordert deutsche Unternehmen auf, „[…] Afrika nicht als Kontinent der Probleme, sondern als Kontinent der technischen Möglichkeiten zu erkennen." (VDMA 2014).

2. B2C-Chancen: Der vielversprechende und langfristige Treiber für B2C-Industrien sind in Afrika das Bevölkerungswachstum und die Altersstrukturen der Länder. Auch wenn aufgrund der Ungleichverteilung der Einkommen nicht alle Bevölkerungsschichten von dem starken Wirtschaftswachstum gleichermaßen profitieren, so steigen trotzdem die Einkommen vieler Bevölkerungsgruppen, wie man an dem oben erwähnten Rückgang des Bevölkerungsanteils, der mit weniger als 1,25 USD pro Tag auskommen muss, erkennen kann. Diese Bevölkerungsgruppen mit niedrigem Einkommen entwickeln sich in eine Richtung, die es ihnen erlaubt, Basiskonsumgüter (z. B. Zahnpasta, kleine günstige Radios usw.) zu kaufen. Zusätzlich entwickelt sich in den Ländern Sub-Sahara-Afrikas aufgrund der Wirtschaftsdynamik eine zunehmend größere Mittelschicht mit einer wachsenden Kaufkraft. Somit werden die Märkte für viele (Konsum-) Güter für Unternehmen zunehmend attraktiv. Voraussichtlich wird bereits im Jahr 2020 mehr als die Hälfte der 224 Mio. afrikanischen Haushalte ein jährliches Einkommen von mehr als 5000 USD haben, und ca. 30 % werden über 10.000 USD im Jahr verdienen (Chironga et al. 2011, S. 121). Diese wachsende Mittelschicht bietet den Branchen des B2C-Bereiches zunehmend wachsende Absatzmöglichkeiten und daraus abgeleitet im Nachgang auch Chancen im B2B-Bereich, wie an den steigenden Direktinvestitionszahlen zu sehen ist.

---

[2] Die Heritage Foundation dokumentiert alle Direktinvestitionen, die China in der Welt tätigt, sofern sie über 100 Mio. USD liegen. Das heißt, dass die genannte Zahl die tatsächlichen Direktinvestitionen noch unterschätzt. Diese „inoffizielle" Quelle ist zuverlässiger als die offiziellen Zahlen, die i. d. R. aus politischen Gründen um ein Vielfaches niedriger liegen.

[3] Sowohl die chinesischen als auch die deutschen Werte sind ausschließlich Neuanlagen, also keine Nettowerte (Neuanlage – Liquidation). Der deutsche Wert wurde mit einem Wechselkurs von 1 Euro = 1,28 USD umgerechnet.

Analysiert man die wirtschaftliche Stabilität der Region, so sieht man insgesamt klare Verbesserungen. So weist Sub-Sahara-Afrika als Region eine zunehmende Preisniveaustabilität (Inflation) mit fallenden Inflationsraten auf: Seit 2012 liegt die Inflationsrate im einstelligen Bereich und ist weitestgehend stabil, wobei die länderspezifischen Inflationsraten sehr verschieden sind (IMF 2014b, S. 15). Diese Stabilität erhöht die Planungssicherheit für Unternehmen und ermöglicht der Geldpolitik Spielräume, um wachstumsfördernd aktiv zu werden. Die Leistungsbilanz Sub-Sahara-Afrikas ist stark negativ, d. h., dass der Wert der importierten Güter und Dienstleistungen höher ist als der Wert der exportierten. Betrachtet man die Situation in den einzelnen Regionen, so sticht Westafrika hervor: Während alle anderen Regionen seit Jahren Leistungsbilanzdefizite aufweisen, wies Westafrika erstmals 2014 ein kleines Defizit auf (wobei sich in den vergangenen Jahren der Überschuss kontinuierlich verringert hat) (vgl. AfDB o. J.d). Insbesondere die ölproduzierenden und -exportierenden Länder hatten durch den Ölpreisverfall seit Juni 2014 einen Terms-of-Trade-Schock zu verkraften (IMF 2015a, S. 66).[4] Im Zusammenhang mit dem Ölpreisverfall erfahren dieselben Länder deutliche Einbußen bei den Staatseinnahmen, da weniger Ölumsätze erwirtschaftet und damit weniger Steuereinnahmen generiert werden. Die Haushaltsdefizite sind darüber hinaus oft auf eine unzulänglich funktionierende Steuerpolitik und -administration zurückzuführen (IMF 2014b, S. 10 f.). Dies reduziert die Handlungsspielräume der Regierungen, produktivitätssteigernd, z. B. durch Infrastrukturinvestitionen, in die Wirtschaft einzugreifen.[5] Daraus lässt sich ableiten, dass die auf Landwirtschaft und Rohstoffe fokussierte Wirtschaftsstruktur vieler Länder in Sub-Sahara-Afrika ein grundlegendes Problem darstellt. Das führt zu einer starken Abhängigkeit vieler Länder – z. B. Nigeria oder Südafrika – von den Entwicklungen auf dem Weltmarkt (vgl. auch Kap. 3.1).

Für eine Langfristigkeit des wirtschaftlichen Wachstums der Länder und Märkte sowie eine relative Konstanz in der Entwicklung in Sub-Sahara-Afrika sprechen drei wichtige, übergeordnete wirtschaftliche Entwicklungen:

1. Wirtschaftliche Transformation: Nach Einschätzung der African Development Bank (AfDB) beginnt langsam der wirtschaftliche Transformationsprozess. „In Africa, the evidence suggests that structural transformation is in its formative stage in most countries and has not yet put down deep roots." (AfDB et al. 2013,

---

[4] Die Terms of Trade bezeichnen das Verhältnis der durchschnittlichen Exportpreise zu den durchschnittlichen Importpreisen. Bei ölexportierenden Ländern führt der Ölpreisverfall zu einer Reduktion des Exportpreisniveaus, sodass die Terms of Trade fallen.
[5] Vgl. hierzu die aktuelle Analyse des Internationalen Währungsfonds (IMF 2015a).

2.1 Wirtschaftliche Situation und Entwicklung in Sub-Sahara-Afrika

S. 112). Das heißt, dass sich die Wirtschaftsstruktur, die in diesen Ländern aktuell stark auf Landwirtschaft und auf natürlichen Ressourcen basiert, hin zu Volkswirtschaften mit einem steigenden Anteil des verarbeitenden Gewerbes – und damit einer höheren Wertschöpfung – entwickelt. Dass Afrika sich am Beginn einer Wirtschaftstransformation befindet, ist in der Importstruktur angedeutet: Zwischen 1995 und 2012 stiegen die Importe an Kapitalgütern und Inputgütern um durchschnittlich 11 % pro Jahr und sie machten 2012 schon 54 % aller Importe aus. U. a. stieg durch die vermehrte Verfügbarkeit von Kapitalgütern die Produktivität in Afrika zwischen 2001 und 2012 jährlich um 3,5 %, was zu einem Anstieg der Wertschöpfung in vielen afrikanischen Ländern geführt hat[6] (AFREXIMBANK 2014, S. 48 ff.). Durch den wirtschaftlichen Transformationsprozess steigt die Beschäftigung in höherwertigen Branchen (als der Subsistenzwirtschaft) und die Einkommen der Haushalte wachsen, darüber hinaus verbessern sich auch die Rahmenbedingungen für unternehmerisches Engagement, z. B. durch die Entstehung von Zulieferindustrien. Dies dürfte Sub-Sahara-Afrika mittelfristig attraktiver für ausländische Unternehmen machen, da die Marktchancen steigen und die „Cost of Doing Business" voraussichtlich sinken.

2. Zunehmende Einbindung in die globalen Wertschöpfungsketten[7] der Unternehmen: Für eine zügige Einbindung in globale Wertschöpfungsketten sprechen der Reichtum an natürlichen Ressourcen und die niedrigen Arbeitskosten, die Direktinvestitionen anziehen und in vielen Ländern den Export dominieren (AfDB et al. 2014a, S. 86). Gelingt es afrikanischen Ländern, in der Wertschöpfungskette eine höhere Stufe zu erreichen, so hat dies positive Auswirkungen auf die Stabilität des Wachstumspfades durch die Reduktion der Abhängigkeit von Weltmarktpreisen für Rohstoffe, ein höheres Lohn- und damit Einkommensniveau durch mehr wertschaffende Tätigkeiten, einen Technologie- und Wissenstransfer sowie die Entwicklung einer lokalen Zulieferindustrie und eine Clusterbildung in den betroffenen Branchen (ECA und AU 2013, S. 75). An dieser Stelle wird der Zusammenhang mit der unter 1) beschriebenen wirtschaftlichen Transformation deutlich: Wirtschaftliche Transformation, Einbindung in

---

[6] Ein Zusammenhang zwischen dem Wachstum von Kapitalgüterimporten und Wachstum in der Wertschöpfung im verarbeitenden Gewerbe wurde statistisch gezeigt (AFREXIMBANK 2014, S. 50, Figure B.2.3.4.).

[7] Die Integration in die globalen Wertschöpfungsketten wird zum einen als der Anteil an ausländischen Produkten (Wertschöpfung) in afrikanischen Exporten gemessen (Backward Integration) und zum anderen als der Anteil an afrikanischen Exporten, der im Ausland weiterverarbeitet wird (also Rohstoffe und Zwischenprodukte) (Forward Integration) (AfDB 2014a, S. 136).

globale Wertschöpfungsketten und wirtschaftliche Entwicklung der Länder verstärken und bedingen sich gegenseitig. Die Direktinvestitionen in Afrika, die nicht in den Bereich des Abbaus natürlicher Ressourcen oder Landwirtschaft gehen, sind größtenteils im Zusammenhang mit globalen Wertschöpfungsketten zu sehen (UNCTAD 2014a, S. 60). Aktuell liegt der afrikanische Anteil am globalen Außenhandel im Bereich der Wertschöpfung[8] zwar nur bei 2,2 % (2011), er ist aber zwischen 1995 und 2011 überproportional gewachsen (nur in Indien ist der Anteil schneller gewachsen). Das deutet darauf hin, dass Afrika sich in einigen der globalen Wertschöpfungsketten langsam in höhere Wertschöpfungsstufen hineinentwickelt (AfDB et al. 2014a, S. 127, 138). Somit ergeben sich Entwicklungschancen für die Länder sowie daraus abgeleitet für Unternehmen, denn je höher die Wertschöpfungsstufe, desto höher die national geschaffene Wertschöpfung, was sich positiv auf das BIP-Wachstum, die Entlohnung der Beschäftigten und das BIP pro Kopf auswirkt, also auf den Konsum im Land (IMF 2015b, S. 59). Ein Beispiel für eine erfolgreiche Entwicklung entlang der Wertschöpfungskette ist Äthiopien. Dort hat sich in den letzten Jahren eine Textil- und Lederindustrie[9] entwickelt, u. a. durch Investitionen von H&M sowie Tesco, die dort schon länger produzieren (Deutsche Welle 2013). Somit steigt das Land vom Baumwollanbieter zum Textilproduzenten auf.

Trotz dieser vielversprechenden Entwicklungen ist das Niveau der Integration in globale Wertschöpfungsketten nach wie vor niedrig und es existieren diverse Hindernisse, bevor die Integration sich weiter beschleunigen kann:

African countries have limitations such as remoteness, size, fragmentation, transport logistics and weaker capacity to use financial and other services. Their markets are smaller and more fragile. Weak infrastructure, a low entrepreneurial base and a lack of support at national and regional level does not help enhance productivity. This undermines the development of regional and global value chains along with competitiveness. (AfDB et al. 2014a, S. 85)

Im Rahmen der Herausforderung sowohl für die wirtschaftliche Transformation als auch für die damit in Verbindung stehende Einbindung in die globalen Wertschöpfungsketten sind eine gute Qualität und hohe Stabilität der unternehmerischen Rahmenbedingungen Voraussetzung. In diesem Zusammenhang

---

[8] Exportwert abzüglich der importierten Werte von Inputs oder Zwischenprodukten darin (AfDB et al. 2014a, S. 134).

[9] Eine ausführliche Darstellung der äthiopischen Lederindustrie und ihrer Entwicklung vom reinen Fellproduzenten hin zum Lederproduzenten findet sich bei ECA; AU (2013, S. 197 ff.).

2.1 Wirtschaftliche Situation und Entwicklung in Sub-Sahara-Afrika

spielen das Ausmaß und die Qualität sowohl der nationalen als auch der grenzüberschreitenden Verkehrsinfrastruktur und damit der Transportkosten eine dominierende Rolle: „Despite the lower labour costs of some African countries, inadequate transport links can translate into higher costs for foreign investors and therefore reduce their productivity" (AfDB et al. 2014a, S. 185).

3. Regionale Integration: In Afrika gibt es eine Vielzahl von regionalen Integrationseinheiten, die über bilaterale Abkommen hinausgehen. Die Afrikanische Union (AU) erkennt acht regionale Wirtschaftsgemeinschaften (Regional Economic Communities – REC) an[10] (AU 2014, S. 118). Diese sind durch stark überlappende Mitgliedschaften gekennzeichnet (vgl. Mo Ibrahim Foundation 2014, S. 4 f.), was zu hoher Verhandlungskomplexität führt sowie zu Problemen bei der Koordination von (handels-)politischen Maßnahmen, da diese sich oft widersprechen. So sind diese überlappenden Mitgliedschaften ein wesentliches Hindernis für eine tiefere Integration über eine Freihandelszone hinausgehend, da z. B. eine Zollunion einen gemeinsamen Außenzoll gegenüber Drittländern bedeutet. Durch die Überlappung der Abkommen sind häufig dieselben Partnerländer einmal Integrationspartner und dann wieder Drittland. Dadurch kommt es zu Konflikten (de Melo und Tsikata 2014, S. 5).[11] Vorteile von regionaler Integration, wie die Vergrößerung von Märkten sowie Effizienz- und Produktivitätssteigerungen, was u. a. durch das Aufbrechen von nationalen Monopolen erfolgt (Guillaumont 2013, S. 280), sind besonders im afrikanischen Kontext an die Schaffung regionaler Institutionen, die zu einer Erhöhung der politischen Stabilität führen, gebunden (de Melo und Tsikata 2014, S. 7 f.). Für Länder ohne Meerzugang (15 Länder in Afrika) bietet regionale Integration zusätzlich einen verbesserten Zugang zu den Weltmärkten und damit bessere Möglichkeiten, an der oben beschriebenen Einbindung in globale Wertschöpfungsketten teilzuhaben (de Melo und Tsikata 2014, S. 9). Eine regionale Integration kann auch dazu beitragen, regionale Konflikte zu reduzieren: Im Falle eines regionalen Konfliktes gehen die gerade genannten positiven Integrationswirkungen verloren, sodass die Opportunitätskosten für politische und militärische Konflikte steigen. So trägt Integration zu einer Stabilisierung des afrikanischen Kontinents bei, wie Martin et al. (2008) argumentieren.

---

[10] Für ein Beispiel siehe Box zu ECOWAS in Kap. 3.1.

[11] Zum Beispiel bedeutet die Senkung der Zölle zwischen Mitgliedern bei gleichzeitig einem gemeinsamen externen Zoll gegenüber Nichtmitgliedern, dass ein Land mit einer gleichzeitigen Mitgliedschaft in einem weiteren regionalen Abkommen einen (hohen) „Drittländer"-Zoll gegen ein anderes afrikanisches Land erheben muss, das aber gleichzeitig Mitglied in dem zweiten regionalen Abkommen ist, in welchem das nicht erlaubt ist.

Obwohl es einige Fortschritte bei der regionalen Integration gibt und die Ziele der diversen afrikanischen regionalen Abkommen breit und ambitioniert sind, mangelt es häufig an deren Umsetzung und Funktionsfähigkeit (AfDB et al. 2013, S. 79). Dabei ist es nicht nur die selektive handelspolitische Liberalisierung von intraregionalen Handelsströmen, sondern es sind vor allem die mangelhafte (Verkehrs-)Infrastruktur und sonstige Behinderungen, wie z. B. ineffiziente Prozesse in der Zollabfertigung sowie Korruption, die den Güteraustausch behindern. Dies führt zu hohen innerafrikanischen Transportkosten, die häufig deutlich höher sind als die von Europa oder Asien nach Afrika (de Melo und Tsikata 2014, S. 10 ff.). Zwar ist der Anteil des intraregionalen Handels zwischen 2010 und 2013 von 10,8 % auf 12,7 % gestiegen, aber zum einen ist dies ein niedriger Anteil im Vergleich zu fortgeschrittenen Integrationsabkommen wie der EU (ca. zwei Drittel des EU-Handels sind Binnenhandel) und zum anderen ist das Niveau mit 161 Mrd. USD (2013) noch niedrig (AFREXIMBANK 2014, S. 53 f.; AFREXIMBANK 2012, S. 42 f.)[12]. Das überproportionale Wachstum des intraafrikanischen Handels ist sicherlich nur teilweise auf eine fortschreitende regionale Integration zurückzuführen. Größtenteils dürfte der Grund in dem überdurchschnittlich hohen Wirtschaftswachstum der afrikanischen Länder relativ zur Weltwirtschaft liegen. Trotz der zunehmenden Anzahl der Gespräche zur Intensivierung der regionalen Abkommen in den letzten Jahren ist bisher kein durchschlagender Erfolg zu erkennen.

Es kann festgestellt werden, dass viele regionale Abkommen existieren, es den afrikanischen Ländern aktuell jedoch noch nicht gelungen ist, durch eine funktionierende regionale Integration ihre Märkte zu erweitern, sodass sie für Unternehmen attraktiver werden. Dadurch ist es Unternehmen i. d. R. nicht möglich, regionale Distributions„hubs" aufzubauen, von denen ein gemeinsamer, regionaler Markt beliefert werden kann; das würde prinzipiell die Distributionslogistikkosten senken.

Zusammenfassend kann gesagt werden, dass die gesamtwirtschaftliche Situation in Sub-Sahara-Afrika sich schnell in eine positive Richtung entwickelt. Die mittelfristige wirtschaftliche Entwicklung und Attraktivität von Sub-Sahara-Afrika ist, trotz der Ebola- und Ölpreiskrise, weiterhin positiv:

> Growth in sub-Saharan Africa remains strong, although it is expected to slow in 2015 in the face of headwinds from declining commodity prices and the epidemic in Ebola-affected countries. (IMF 2015a, S. 65)

---

[12] Anteile sind selbst berechnet.

Somit stellt sich gesamtwirtschaftlich – trotz weiterhin bestehender Herausforderungen – nicht ernsthaft die Frage nach der zukünftigen Entwicklung der Märkte in Sub-Sahara-Afrika als Region, sondern eher die Frage, wie diese Märkte bearbeitet werden können. Mit den aktuellen und mittelfristig zu erwartenden Marktchancen und zunehmender makroökonomischer und politischer Stabilität in Afrika wird für Unternehmen die Frage nach einem Markteintritt immer aktueller: „Looking ahead, Africa's increasing consumer demand and regional integration are attracting market-seeking investments." (AfDB et al. 2014a, S. 172). Mit wachsenden Volkswirtschaften und Märkten sowie günstigen Löhnen, bei sich gleichzeitig verbessernden geschäftlichen Rahmenbedingungen,[13] werden afrikanische Länder nicht nur als Absatzmarkt, sondern vermehrt auch als Produktionsstandort entdeckt. Für beide unternehmerischen Motive ist eine funktionierende Verkehrsinfrastruktur von großer Bedeutung. Im Folgenden wird kurz auf die Situation der Verkehrsinfrastruktur in Sub-Sahara-Afrika eingegangen, bevor dann in Kap. 3.2 im Detail die Situation und Entwicklungen in Westafrika dargestellt werden.

2.2 Verkehrsinfrastruktursituation in Sub-Sahara-Afrika

Die Verkehrsinfrastruktur – neben den anderen Infrastrukturbereichen wie Energie und Wasserversorgung – spielt für die soziale wie wirtschaftliche Entwicklung von Ländern eine große Rolle. Eine gute Verkehrsinfrastruktur führt u. a. dadurch zu Wachstumsimpulsen, dass sie die Attraktivität der Länder als Produktionsstandorte und Absatzmärkte für Unternehmen attraktiver macht. So vereinfacht sich durch effiziente und ausreichend große Häfen und Flughäfen nicht nur die Einfuhr, sondern auch die Distribution der Güter innerhalb eines Landes oder einer Region. Durch eine infrastrukturelle Anbindung ländlicher Regionen wird der Markt weiter vergrößert und bleibt nicht nur auf urbane Regionen beschränkt.

> Reliable transport infrastructure, in all of its four subsectors – roads, railways, air transport, and ports – is an essential component of all countries' competitiveness. [...] Reliable transport must be in place for companies to import and export goods, to fill orders, and to obtain supplies. (WEF 2013a, S. 74)

---

[13] Vgl. hierzu den Doing Business Report der Weltbank, der die geschäftlichen Rahmenbedingungen noch auf niedrigem Niveau zeigt, aber eine kontinuierliche Verbesserung verzeichnet (World Bank 2014b).

Aus diesem Grund ist eine Analyse der Verkehrsinfrastruktursituation in Afrika unerlässlich, um die Herausforderungen für die Distribution und insbesondere die Distributionslogistik zu verstehen. Die meisten Länder Afrikas liegen im Bereich der Verkehrsinfrastruktur deutlich unter dem internationalen Durchschnitt. So befinden sich laut dem Global Competitiveness Report von den 20 Ländern mit der schlechtesten Straßenqualität zehn in Afrika; für die Luftverkehrsinfrastruktur sind es elf Länder und bei der Hafeninfrastruktur vier Länder. Auf der anderen Seite gibt es ein Land wie Namibia, das ein besseres Ranking bei der Hafeninfrastruktur hat als Australien, oder Länder wie Äthiopien, die Elfenbeinküste und Kenia mit einer Luftverkehrsinfrastruktur, die vor der Chinas liegt. Bei den Straßen sind es Länder wie Marokko und Südafrika, die vor Israel und der Türkei liegen (WEF 2014, S. 430 ff.). Somit dürfte klar sein, dass die Verkehrsinfrastruktursituation auf dem Kontinent nicht einheitlich ist, aber im Allgemeinen weit hinter der Situation der entwickelten Länder in Europa, Japan oder den USA liegt. Dieser Rückstand bezieht sich sowohl auf das Ausmaß und die geografische Abdeckung der Verkehrsinfrastruktur als auch auf deren Qualität. Abbildung 2.3 zeigt die Hauptstraßenkorridore in Afrika sowie aktuelle Großprojekte beim Ausbau des Straßennetzes und der Straßeninstandhaltung.

Betrachtet man die Situation der Straßen, so waren 2011 weniger als 50 % in Afrika asphaltiert und der Unterhalt der bestehenden Straßen war unzulänglich. Vergleicht man, wie viele Meter asphaltierte Straßen pro 1000 Einwohner in Metropolen existieren, so stellt man fest, dass im Durchschnitt aller Entwicklungsländer (ausgewählte Metropolen) 1000 m pro 1000 Einwohner asphaltiert sind, während es in Sub-Sahara-Afrika nur ca. 318 m sind (AfDB et al. 2014a, S. 50 f.). Im Bereich der Schieneninfrastruktur ist die Situation noch schlechter: Die Infrastruktur ist veraltet, schlecht instand gehalten, und die Gleisbreite ist in vielen Ländern unterschiedlich, sodass grenzüberschreitender Schienenverkehr häufig nicht möglich ist. Zwischen den Jahren 2005 und 2011 ist die Länge des afrikanischen Schienennetzes von 58.000 auf 50.000 km geschrumpft. Beim Lufttransport ist das Bild ähnlich, sodass es im Luftverkehr zu hohen Transportkosten kommt. Die Flugkosten je 1000 km Flugstrecke und Passagier zwischen afrikanischen Flughäfen liegen bei über 200 USD, wohingegen die Kosten auf der Strecke Dubai-Singapur nur bei 85,60 USD pro 1000 km lagen (WEF 2013a, S. 82 ff.). Ähnliche Relationen dürften für die Luftfracht gelten. Trotz vieler Häfen in Afrika ist deren Kapazität und Produktivität im internationalen Vergleich niedrig. Dies führt zu ca. 50 % höheren Hafenabfertigungskosten im Vergleich zu den effizientesten Häfen der Welt (AfDB et al. 2013, S. 54). Die durchschnittliche Dauer bei der Abfertigung von Importen liegt in Afrika bei ca. 16,7 Tagen (der OECD-Durchschnitt liegt bei 5,8 Tagen) mit großen Unterschieden zwischen den Ländern (World Bank o. J.a).

2.2 Verkehrsinfrastruktursituation in Sub-Sahara-Afrika

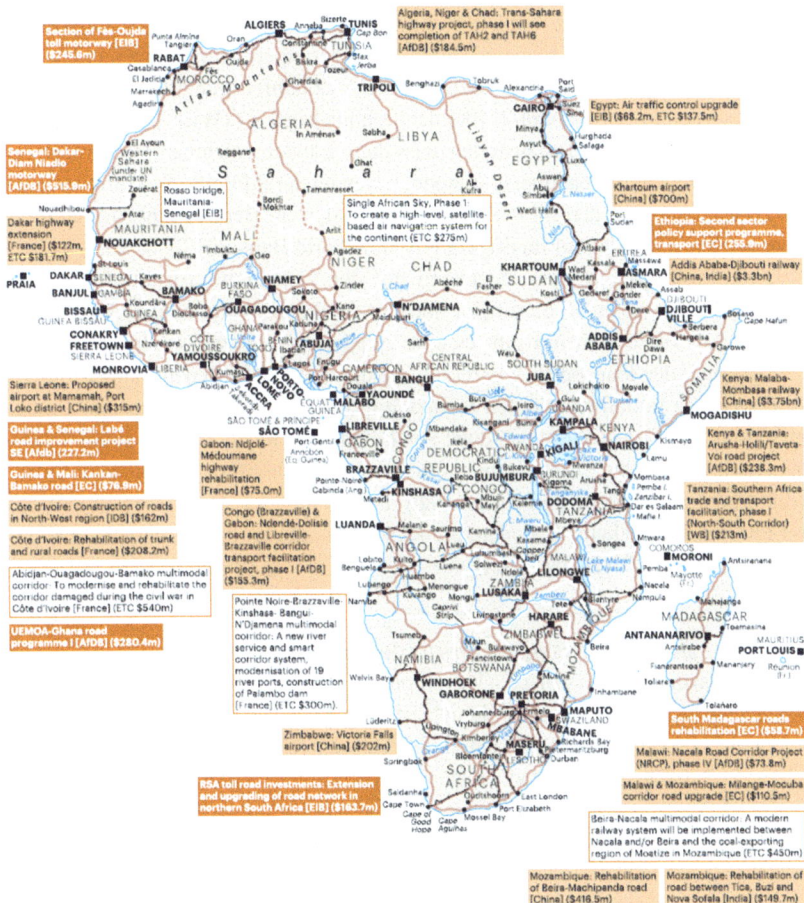

Abb. 2.3 Transportinfrastruktur und wichtige Projekte 2013. (Quelle: ICA (2014, S. 19))

Die wesentlichen Ursachen für die unterdurchschnittliche Verkehrsinfrastruktur sind die zu geringen Investitionen in den Neubau, die unzulänglichen Instandhaltungsmaßnahmen für bestehende Infrastruktur und die schlechte Bauweise, wodurch die Verkehrswege nur eine kurze Lebensdauer haben. Die Transportinfrastruktur leidet an chronischer Unterinvestition: Afrikanische Länder haben zwischen 2005 und 2012 nur 15–25 % des BIP in Transportinfrastruktur investiert; in Indien und China waren es 32 % respektive 42 %. Insgesamt resultiert die Ist-Situation in den Ländern Afrikas in höheren Transportkosten, z. B. bei Straßentransporten durch eine hohe Unfallgefahr, in den urbanen Regionen Afrikas durch eine hohe Staudichte sowie durch Behinderungen beim Außenhandel, insbesondere durch eine niedrige Effizienz bei der Zollabfertigung, die im Vergleich zu Südostasien in Sub-Sahara-Afrika deutlich niedriger ist (WEF 2013a, S. 51 ff., 82). Nichtsdestotrotz ist festzustellen, dass diese Länder zunehmend Reformen zur Vereinfachung beim grenzüberschreitenden Handel durchführen. So kommen neun der zehn Länder mit den meisten Reformen in diesem Bereich aus Afrika, allerdings auch hier wieder auf niedrigem Niveau (World Bank 2013b, S. 108).

Diese Probleme im Zusammenhang mit der Verkehrsinfrastrukturlücke sind von den afrikanischen Regierungen und der Afrikanischen Union (AU) erkannt worden. Aus diesem Grund gibt es eine zunehmende Anzahl an Initiativen zur Verbesserung der Transportinfrastruktur, die durch die betroffenen Länder initiiert werden. Diese Initiativen werden finanziell i. d. R. von der Afrikanischen Union, internationalen Organisationen sowie aus Finanzmitteln der Entwicklungszusammenarbeit unterstützt. Die prominenteste und ambitionierteste Initiative im Infrastrukturbereich ist 2010 durch das „New Partnership for Africa's development" (NEPAD) in Kampala ins Leben gerufene „Programme for Infrastructure Development in Africa (PIDA)" (vgl. Box).

NEPAD – „New Partnership for Africa's development"

„New Partnership for Africa's Development" (NEPAD) (dt: „Die neue Partnerschaft für Afrikas Entwicklung") ist ein strategisches Entwicklungsprogramm unter der Schirmherrschaft der Afrikanischen Union (AU). NEPAD wurde 2001 gegründet und 2002 von den Mitgliedern der AU ratifiziert (NEPAD 2015a). Seitdem dient es als politischer Rahmen für die Entwicklung Afrikas im 21. Jahrhundert und fokussiert sich insbesondere auf die länderübergreifende sozio-ökonomische Entwicklung.

Große Herausforderungen wie Armut oder die Marginalisierung Afrikas auf dem Weltmarkt sollen in sechs übergeordneten Themenbereichen adressiert werden. Dazu gehören die Themen: Landwirtschaft und Lebensmittelsicherheit stärken; Klimaveränderung verringern und nachhaltige Nutzung von Ressourcen sicherstellen; Human Development durch Förderung von Bildung, Technologie und Gesundheit; unternehmens- und wirtschaftspolitische Steuerung verbessern; Querschnittsthemen wie Gleichberechtigung und Fachkräfteentwicklung (NEPAD 2015b). Das sechste Kernthema von NEPAD ist die Förderung der regionalen Integration. Dies soll vor allem durch überregionale Infrastrukturprojekte im Bereich Energie und Verkehrsinfrastruktur erreicht werden. Für diesen Themenbereich wurde das „Programme for Infrastructure Development in Africa", kurz PIDA, ins Leben gerufen.

PIDA

Das „Programme for Infrastructure Development in Africa (PIDA)", das im Januar 2012 in Addis Abeba als Nachfolgeprogramm des „NEPAD Medium to Long Term Strategic Framework" (MLTSF) verabschiedet wurde, verfolgt die Absicht, einen strategischen Rahmen für die regionale und kontinentale Infrastruktur Afrikas zu schaffen (AfDB 2015). Neben NEPAD sind weitere Träger der Initiative die African Development Bank und die African Union Commission (AUC) (NEPAD 2015c).

Nach Einschätzung von PIDA verlangsamen Ineffizienzen in der Infrastruktur das Wachstum Afrikas um ca. 2% jährlich. Um diesen negativen Wirkungen entgegenzuwirken, fördert und setzt das Programm Projekte in den Bereichen Transport, Energie, Kommunikationsinfrastruktur und grenzüberschreitende Wasserversorgung mit einem Investitionsvolumen von ca. 360 Mrd. USD auf (AfDB, o. J.c, S. 5). Diese Projekte sind in kurz-, mittel- und langfristige Projekte unterteilt, die bis spätestens 2040 umgesetzt werden sollen. Die 52 kurzfristigen Projekte, die bis 2020 durchgeführt werden sollen, sind im sogenannten Priority Action Plan (PAP) zusammengefasst, der 67,9 Mrd. USD umfasst (NEPAD, 2015d). Abbildung 2.4 zeigt, dass der sektorale Fokus auf Energie- und Transportentwicklung liegt. Die regionalen Schwerpunkte liegen in Ost- und Zentralafrika.

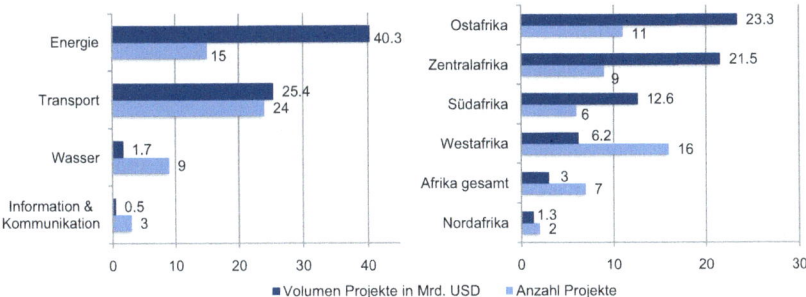

Abb. 2.4 Volumen und Anzahl der PAP-Projekte nach Sektor und Regionen. (Quelle: AfDB et al. (o. J.a))

Da PIDA bis 2040 mit einer Verachtfachung der Transportvolumina rechnet (PIDA 2011, S. 23), entfällt bis 2020 auch der größte Anteil der PAP-Projekte (24) mit einem Investitionsvolumen von 25,4 Mrd. USD auf den Transportsektor (AfDB, o. J.a, S. 5). Neben dem großen Anteil der Projekte in den Sektoren Energie und Transport ist auch die räumliche Verteilung der Projekte auffällig. Ein Großteil der Projekte entfällt hierbei auf Westafrika, wobei diese vom durchschnittlichen Volumen her kleiner sind als z. B. in Ost- und Zentralafrika. Zu diesen Projekten zählen unter anderem die Modernisierung des Abidjan-Lagos- und des Dakar-Niamey-Korridors, die sich bereits in einem fortgeschrittenen Planungs- bzw. im Beginn des Umsetzungsstadiums befinden, sowie das „West Africa Hub Port and Rail Program", das eine bessere Verbindung von Schienen- und Seeverkehr ermöglichen soll. Dieses Projekt mit Investitionskosten von über 2 Mrd. USD befindet sich noch in der Planungsphase (AfDB, o. J.c, S. 18 ff.).

PIDA erhofft sich von allen Projekten, durch eine erhöhte Transporteffizienz, Einsparungen in Höhe von 172 Mrd. USD p. a. (PIDA 2011, S. 23). Diesen noch nicht belegbaren Einsparpotenzialen stehen zunächst jedoch erhebliche Investitionsbedarfe gegenüber, die von den Ländern allein nicht finanziert werden können. Aus diesem Grund betont PIDA regelmäßig die Relevanz von Public-Private-Partnerships (PPP) für den Erfolg des Programms. PIDA wirbt unter anderem bei den BRICS-Staaten[14] aktiv um weitere Investitionen und fordert zur Nutzung von Kreditgarantien und zur Ausgabe sogenannter Infrastructure Bonds auf, um die Investitionen weiter zu steigern (AfDB, o. J.b, S. 3 ff.).

In diesem Kontext zeigen sich die Grenzen des Programms. Denn obwohl die strategische Planung bei PIDA liegt, ist die Initiative bei der Umsetzung der Projekte von der Kooperation der regionalen Institutionen und einzelnen Ländern abhängig. Diese müssen die „weichen" Voraussetzungen wie bspw. länderübergreifende gesetzliche Richtlinien und finanzielle Anreize schaffen, um die notwendigen PPP zu ermöglichen und zu fördern (AUC 2015). Eine weitere Herausforderung ist die notwendige Zusammenarbeit zwischen den Ländern: „Regional infrastructure involves a high level of trust between countries, not least because of the implied dependence on neighbours. […] That trust must be built." (PIDA 2011, S. 63).

---

[14] BRICS-Staaten sind Brasilien, Russland, Indien, China und Südafrika.

2.2 Verkehrsinfrastruktursituation in Sub-Sahara-Afrika

> Zusammenfassend lässt sich konstatieren, dass mit PIDA und dessen Träger NEPAD zwei Strukturen existieren, welche die grenzüberschreitende Infrastruktur, insbesondere bei Energie und Transport, fördern und damit die regionale Integration Afrikas. Allerdings sind die Programme weiterhin stark auf die Kooperation der einzelnen Länder, die ausländischen Investoren und die Gelder aus der Entwicklungszusammenarbeit angewiesen, um konkrete Fortschritte zu erzielen.

Grundproblem vieler geplanter Projekte im Bereich Verkehrsinfrastruktur (und anderer infrastruktureller Maßnahmen) sind die unzureichenden finanziellen Möglichkeiten. Diverse Länder sind deshalb dabei, gebührenpflichtige Straßen(-abschnitte) zu bauen sowie Benzinsteuern (zwischen 0,16 und 0,3 USD pro Liter, je nach Land) zu erheben. Darüber hinaus werden vermehrt Public-Private-Partnerships im Bereich der Verkehrsinfrastruktur eingegangen (WEF 2013a, S. 82 ff.). Es gibt vielfältige weitere Beispiele für Finanzierungskanäle von Infrastrukturprojekten in Afrika. 2004 wurde der „African Infrastructure Investment Fund" mit einem ursprünglichen Volumen von 190 Mio. USD gegründet, der 2011 erweitert wurde und heute ein Volumen von ca. 500 Mio. USD hat (Ernst & Young 2014, S. 38 f.). Auch über die Entwicklungszusammenarbeit und das Engagement der BRICS-Staaten in den Ländern Sub-Sahara-Afrikas fließen Investitionen in den Aufbau von Infrastruktur inklusive Transportinfrastruktur, häufig mit dem Ziel, die Bergbauvorkommen sowie die Öl- und Gasstandorte infrastrukturell an den Weltmarkt anzubinden (vgl. UNECA 2013, S. 14 f.). Auch Europa engagiert sich finanziell für den Aufbau von Infrastruktur in Afrika. Aus dem 2007 ins Leben gerufenen EU-Africa Infrastructure Trust Fund (EU-AITF), der 2013 ein Vermögen von 746 Mio. € hatte, sind bereits ca. 385 Mio. € verwendet worden. Davon gingen 33 % in die Transportinfrastruktur (EU-AITF 2013).[15]

Obwohl zunehmend Versuche unternommen werden, die bestehende Infrastruktur zu erhalten sowie die Investitionen in der Transportinfrastruktur zu erhöhen, wird es – selbst wenn alle Projekte umgesetzt werden – erst mittelfristig zu einer Verbesserung der Transportinfrastruktur kommen. Solange die Verkehrsinfrastruktursituation so problematisch bleibt und damit hohe Transportkosten anfallen, müssen Unternehmen sich Lösungsansätze für dieses zentrale unternehmerische

---

[15] Der Fonds wird vom Europäischen Entwicklungsfonds der EU-Kommission sowie Beiträgen einiger EU-Mitgliedsländer gespeist. Aus dem Fonds wird direkt investiert, subventionierte Kredite für Infrastrukturvorhaben werden von Investoren bereitgestellt und technische Unterstützung wird angeboten (EU-AITF 2013).

Problem überlegen, damit sie durch einen Markteintritt in afrikanische Märkte von den Marktpotenzialen profitieren können. Um das Thema der Distributionskosten und den Umgang damit zu konkretisieren, wird im Folgenden der Fokus auf die Region Westafrika gelegt. Dabei werden zuerst die wirtschaftliche Situation und dann im Detail die Verkehrsinfrastruktur und die logistischen Rahmenbedingungen analysiert, um anschließend die Implikationen für die Distributionslogistik der Unternehmen aufzuzeigen.

Wirtschaft und Infrastruktur in Westafrika 3

Im Kontext von Sub-Sahara-Afrika spielt Westafrika wirtschaftlich gesehen eine herausragende Rolle – wegen der großen Rohstoffvorkommen, durch die diese Region nicht nur für den afrikanischen Kontinent, sondern auch für die Weltwirtschaft von Bedeutung ist, und vor allem auch wegen der wirtschaftlichen Kraft und Dynamik Westafrikas. Vor diesem Hintergrund ist eine Fokussierung auf die Region Westafrika aus unternehmerischer Sicht von besonderer Bedeutung.

3.1 Wirtschaftliche Situation und Entwicklung in Westafrika

Die Region Westafrika repräsentiert etwa 30 % der afrikanischen Gesamtbevölkerung. Allein Nigeria, inzwischen die größte Wirtschaft des Kontinents, macht mit über 174 Mio. Einwohnern 51 % der Bevölkerung Westafrikas aus. Die Bevölkerung der restlichen westafrikanischen Länder liegt jeweils unter 25 Mio. Einwohnern (CIA 2014). Durch die steigende Geburtenrate, sinkende Sterbewahrscheinlichkeit sowie durch den Anstieg der Lebenserwartung ist und bleibt das Bevölkerungswachstum in Westafrika eines der höchsten der Welt (AfDB et al. 2014, S. 12 f.). Aktuell dämpfend auf das Bevölkerungswachstum wirkt das unterfinanzierte Gesundheitssystem in Westafrika. In nahezu allen Staaten der Region liegen die öffentlichen Ausgaben für Gesundheit unter 5 %, in vielen sogar unter 3 % des BIP, was momentan noch die Ursache für relativ niedrige durchschnittliche Lebenserwartungen ist (AfDB et al. 2012, S. 38).[1] Eine ähnlich problematische Situation liegt im Bildungsbereich vor, wo das Niveau, trotz Verbesserungen in

---

[1] Bei westafrikanischen Männern liegt diese zwischen 69,5 Jahren in Kap Verde und 46,8 Jahren in Guinea-Bissau; bei den Frauen zwischen 77,2 Jahren in Kap Verde und 50,1 Jahren in Sierra Leone (UNECA 2012, S. 60 f.).

© Springer Fachmedien Wiesbaden 2016
P. von Carlowitz, A. Röndigs, *Distribution in Afrika*,
DOI 10.1007/978-3-658-10585-3_3

der Vergangenheit, noch niedrig ist, aber mit einem positiven Ausblick. Der Anteil der Kinder, die eine Grundschule besuchen, ist seit dem Jahr 2000 um mehr als 16 % gestiegen (UNECA 2012, S. 59). Der Alphabetisierungsgrad liegt entsprechend zwischen 22 % in Burkina Faso und 77 % in Kap Verde und ist im regionalen Mittel leicht unter dem afrikanischen Durchschnitt. Diese sozio-ökonomischen Tendenzen spiegeln sich im Human Development Index (HDI) wider, der für die ECOWAS-Region zwischen 2005 und 2013 um knapp 11 % gestiegen ist (in China zum Vergleich um 11,6 %), wobei die Entwicklung in den Ländern unterschiedlich ist: von 7 % Anstieg (Togo) bis zu über 20 % (Niger, Ghana, Sierra Leone, Gambia und Liberia). Allerdings ist das aktuelle regionale Niveau des HDI in der ECOWAS mit 0,45 (von maximal 1) in Sub-Sahara-Afrika unterdurchschnittlich (vgl. Kap. 2.1) und im internationalen Vergleich noch niedrig (Deutschland hatte 2011 einen HDI-Indexwert von 0,91) (UNDP 2014, S. 163). Zusammenfassend kann man sagen, dass sich die sozio-ökonomische Situation nach wie vor auf einem niedrigen Niveau befindet, sich in der ECOWAS jedoch kontinuierlich verbessert.

Ökonomisch ist Westafrika aktuell die am schnellsten wachsende Region Afrikas. Die geschätzten jährlichen Wachstumsraten des BIP für die Jahre 2013 und 2014 liegen bei 6,7 % respektive 7,2 % (AfDB et al. 2014a, S. 31). Insbesondere Sierra Leone, Ghana und die Elfenbeinküste mit Wachstumsraten von 7–9 % sowie das auf Ölexporten basierende Wachstum der größten Wirtschaft der Region und Gesamtafrikas – Nigeria – mit etwa 7 % unterstützen diesen Trend (AfDB et al. 2014a). Tabelle 3.1 zeigt wichtige Daten zur wirtschaftlichen Situation der westafrikanischen Länder.

Aktuelle Entwicklungen wie der oben angesprochene Ölpreisverfall sowie die Ebola-Epidemie haben die Länderprognosen in Westafrika negativ beeinflusst. Die direkt von Ebola betroffenen Länder haben starke Wachstumseinbußen hinnehmen müssen (vgl. Box). Die ölexportierenden Länder, allen voran Nigeria, leiden unter den niedrigen Ölpreisen, da die Ölproduktion dort einen großen Anteil an der Gesamtwirtschaft ausmacht (vgl. Abb. 3.1). So wurde das erwartete BIP-Wachstum von Nigeria von 7,3 % für 2015 (Prognose vom Oktober 2014) auf 4,8 % (Prognose vom April 2015) gesenkt. Ähnliche Prognosesenkungen für 2015 gibt es für Burkina Faso und Ghana. Für die anderen Länder in der ECOWAS, außer den drei von Ebola massiv betroffenen Ländern, hat sich die Prognose nicht grundlegend geändert, in Mali hat sie sich sogar leicht erhöht, da die Ölimporte günstiger werden (IMF 2015a, S. 16). Mittelfristig wird weiterhin von einem Wachstumspfad um die ursprünglich erwarteten 6–7 % p. a. ausgegangen.

Wirtschaftliche Folgen von Ebola in Westafrika
Die aktuelle Ebola-Epidemie ist nicht die erste in Afrika, aber die größte. Es stellt sich die Frage nach der Verbreitungsgefahr und der humanitären Katastrophe, aber auch nach den wirtschaftlichen Auswirkungen. Die im Text erwähnte positive wirtschaftliche Entwicklung ist durch den Ausbruch der Ebola-Epidemie und die Gefahr der weltweiten Verbreitung vor allem in Westafrika gefährdet. Dabei haben die direkt betroffenen Länder (Sierra Leone, Liberia und Guinea) massive Wachstumseinbußen für 2015 hinzunehmen, die im Vergleich zu den Prognosen vor dem Ausbruch der Ebola Krise um 4 bis 12 %-Punkte niedriger liegen. Die aktuellen BIP-Wachstumsprognosen sehen für Guinea ein Wachstum von $-0,3\%$ im Jahr 2015 vor (statt der vorhergesagten $+4,1\%$ aus dem Oktober 2014), für Liberia $-1,4\%$ (statt $+4,5\%$) und für Sierra Leone $-12,8\%$ (statt $+9,9\%$). Allerdings wird für 2016 eine klare Erholung erwartet, die diese Volkswirtschaften auf einen ähnlichen Wachstumspfad wie vor der Ebola-Krise zurückführt (IMF 2014a, 2015b). Diese Länder sind aber mit die kleinsten Volkswirtschaften in der westafrikanischen Region, sodass die Auswirkungen auf die Nachbarländer und den Rest von Sub-Sahara-Afrika mit geschätzten BIP-Einbußen von insgesamt 550 Mio. USD im Jahr 2015 überschaubar sind und zu entsprechend niedrigen Wachstumseinbußen führen (World Bank 2015c, S. 5, 10). Die Weltbank hat in einem Bericht vom September 2014 abgeschätzt, dass die Ebola-Epidemie Westafrika im Jahr 2014, je nach Szenario, zwischen 2,2 und 7,4 Mrd. USD (das sind $-0,3$ bis $-0,7$ Prozentpunkte vom BIP-Wachstum) kosten wird und im Jahr 2015 zwischen 1,6 und 25,2 Mrd. USD ($+0,1^2$ bis $-2,3$ Prozentpunkte vom BIP-Wachstum). Somit bleibt, trotz dieser negativen gesamtwirtschaftlichen Auswirkungen, das BIP-Wachstum in Westafrika im Jahr 2015 selbst im schlimmsten Szenario einer Ebola-Epidemie noch immer über 4 % (statt der ursprünglich prognostizierten 6,5 % Wachstum) und im leichten Ebola-Szenario über 6 % (World Bank 2014a, S. 62). Die Wachstumsraten liegen noch deutlich über den Wachstumsprognosen der Weltwirtschaft von 3,5 % (2015) bzw. 3,8 % (2016) (IMF 2015a, S. 2). Somit ist und bleibt Westafrika eine schnell wachsende Region, trotz der Tragödie durch die Ebola-Epidemie. Inzwischen hat der Chef-Volkswirt der Weltbank, Francisco Ferreira, die Schätzungen aus der Studie im Septem-

---

[2] Die $+0,1\%$ sind in dem entsprechenden Szenario auf einen Basiseffekt des Jahres 2014 zurückzuführen.

ber relativiert: Im November war seine Einschätzung, dass die Auswirkungen eher zwischen 3 und 4 Mrd. USD für gesamt Sub-Sahara-Afrika liegen werden (Brock 2014). Längerfristig und indirekter hat die Ebola-Krise laut dem Präsidenten der African Development Bank (AfDB) Donald Kaberuka zu einem Verlust an Vertrauen in den Standort Afrika geführt: „Although only three countries were affected, and the rest of Africa remained open for business, confidence suffered badly elsewhere on the continent." (Kaberuka 2015). Sollte der Vertrauensverlust längerfristig anhalten, so kann dies auch mittelfristig wachstumsdämpfende Auswirkungen für die Länder Westafrikas haben, da die Investitionen stark vom Ausland abhängen (vgl. Tab. 3.1).

Abgesehen von Nigeria sind alle Volkswirtschaften in Westafrika relativ klein, wobei das Wachstum in fast allen Ländern im globalen Vergleich zwischen 2005 und 2013 überdurchschnittlich war. Die gesamtwirtschaftlichen Haupttreiber der westafrikanischen Volkswirtschaften sind vor allem die Investitionen, u. a. in Infrastruktur, mit weit über dem BIP-Wachstum liegenden Wachstumsraten von 17–18 % für 2015 und 2016, wobei dies deutlich hinter den Wachstumsraten für Sub-Sahara-Afrika gesamt liegt (mit ca. 21 % Wachstum für die beiden Jahre). Auch der stetige Anstieg an Direktinvestitionen leistet direkt und indirekt (Technologietransfer, Beschäftigung) einen Wachstumsbeitrag (IMF 2015b, S. 72). Für viele Länder sind die Direktinvestitionen die Hauptquelle für die gesamtwirtschaftliche Investitionsaktivität im Land und sie machen teilweise ca. 50 % der gesamten Investitionen aus (vgl. Tab. 3.1). Dies zeigt eine volkswirtschaftliche Abhängigkeit von ausländischen Investoren für mittelfristiges Wachstum in diesen Ländern. Vor diesem Hintergrund haben politische Unruhen (siehe weiter unten) oder Krisen wie der Ebola-Ausbruch (siehe Box) direkte, aber auch verzögerte Wirkungen auf das Wirtschaftswachstum dieser Länder und häufig auch für angrenzende Länder (Spillover-Effekte), da sie das Vertrauen von Investoren erschüttern.

3.1 Wirtschaftliche Situation und Entwicklung in Westafrika

Tab. 3.1 Ökonomische Daten der westafrikanischen Länder. (Quellen: 1. AfDB et al. (2014a); 2. Mo Ibrahim Foundation (o. J.); 3. UNCTAD (2014b); 4. UN-HABITAT (2014); 5. IMF (2014a); * Indikator zeigt ökonomische Strukturschwäche (je niedriger, desto größer die Schwäche; maximal 100))

Land	Bevölkerung (2013 in Tsd.)[1]	Sicherheit & Rechtsstaatlichkeit (Veränd. in % 2004-2013/ Score 2013 von 100)[2]	Urbanisierung (% Bevölk. in Städten 2011/ 2030)[4]	BIP (PPP) (2013 in Mrd. USD)[5]	BIP Wachstum (real) (CAGR in % 2005-2013)[1]	Inflationsrate (CAGR 2000-2012 / CAGR 2012-2015)[5]	Haushaltsbilanz: Einnahmen-Ausgaben (% vom BIP 2012/2015p)[5]	Zufluss Direktinvestitionen 2013 (in Mio. USD)[3] / Anteil DI an Gesamtinvestitionen (2012, in %)[1]	Anzahl der Produkte, die mehr als 75% der Exporte ausmachen[1]	Wirtschaftlicher Diversifizierungs-Index *[1]
Benin	10.323	-9,9 / 55,6	44,9% / 56,5%	18,5	3,9	3,2% / 1,8%	-0,3% / -1,3%	320 / 9,7%	9	8,3 => 8,5
Burkina Faso	16.935	-9,9 / 57,7	26,5% / 41,5%	27,7	6,4	3,0% / 1,3%	-3,1% / -3,0%	374 / 5,4%	3	2,8 => 3,4
Elfenbeinküste	20.316	12,7 / 41,6	51,3% / 63,1%	65,2	2,9	2,9% / 1,9%	-3,1% / -3,1%	371 / 19,7%	10	9,1 =>7,5
Gambia	1.849	-8,4 / 50,2	57,3% / 65,8%	3,1	3,2	6,6% / 5,2%	-4,4% / -2,5%	25 / 15,4%	4	4,0 => 3,7
Ghana	25.905	-2,4 / 69,9	51,9% / 62,8%	103	7,4	14,4% / 14,7%	-12,1% / -6,5%	3.226 / 56,6%	6	5,1 => 4,7
Guinea	11.745	-2,4 / 46,5	35,4% / 46,2%	14,7	2,6	16,3% / 9,9%	-3,2% / -2,7%	25 / 9,6%	2	3,5 => 3,4
Guinea-Bissau	1.704	-13,3 / 30,5	43,9% / 54,7%	2,4	2,8	2,8% / 0,8%	-2,6% / -2,6%	15 / 24,1%	1	1,2 => 1,4
Kap Verde	499	-4,1 / 78,2	62,6% / 73,4%	3,2	4,4	2,6% / 1,5%	-10,3% / -10,3%	19 / 19,1%	8	5,9 => 10,1
Liberia	4.294	22,9 / 51,5	48,2% / 56,4%	3,6	7,8	9,6% / 9,6%	-1,7% / -9,6%	1.061 / 108,5%	8	6,4 => 8,7
Mali	15.302	-12,1 / 48,6	34,9% / 47,1%	25,2	4,2	3,0% / 1,2%	-1,2% / -3,4%	410 / 40,7%	2	2,2 => 1,9
Niger	17.831	4,0 / 56,0	17,8% / 25,3%	16,3	5,6	2,4% / 1,1%	-1,2% / -5,5%	631 / 44,5%	3	6,0 => 2,4
Nigeria	173.615	-0,7 / 38,1	49,6% / 60,8%	972,6	6,7	12,7% / 8,5%	+0,4% / -2,2%	5.609 / 42,2%	1	1,4 => 1,4
Senegal	14.133	0,8 / 63,5	42,5% / 50,8%	31,7	3,6	2,1% / 0,5%	-5,6% / -4,0%	298 / 10,9%	25	10,8 => 12,6
Sierra Leone	6.092	18,9 / 58,5	39,2% / 48,2%	11,7	8,2	10,5% / 9,6%	-5,2% / -5,3%	579 / 47,7%	4	9,3 => 4,0
Togo	6.817	2,6 / 54,6	38,0% / 47,9%	9,5	3,7	3,0% / 2,0%	-7,2% / -3,8%	84 / 9,2%	11	6,1 => 15,6

Betrachtet man den wirtschaftlichen Diversifizierungsfaktor (vgl. Abb. 3.1) sowie die Exportstruktur der westafrikanischen Länder, so sieht man, dass das Wirtschaftswachstum sowie die Exporte in den meisten Ländern von wenigen Branchen bzw. Produkten abhängen.

Die Wirtschaftsstruktur der ECOWAS-Region spiegelt diese mangelnde Diversifizierung und aktuell eine noch geringe wirtschaftliche Transformation wider. So machte die Landwirtschaft 2013 knapp ein Drittel der volkswirtschaftlichen Wertschöpfung aus und ist damit seit 2010 gestiegen, wohingegen der Wertschöpfungsanteil des Industriesektors[3] von 38,3 % (2010) auf 36,2 % im Jahr 2013 gesunken ist; darin ist der ohnehin niedrige Anteil der Wertschöpfung aus dem verarbeitenden Gewerbe von 4,1 auf 3,7 % im Jahr 2013 gesunken. Damit findet aktuell vor allem eine Einbindung in die globalen Wertschöpfungsketten im Bergbau und in der Öl- und Gasindustrie statt. Der Dienstleistungssektor ist leicht auf 31,5 % gestiegen (AfDB o. J.d). Der Aufbau eines wettbewerbsfähigen verarbeitenden Gewerbes, der sowohl die Abhängigkeit von Weltmarktpreisen verringern würde als auch eine positive Beschäftigungswirkung hätte, benötigt eine adäquate Infrastruktur. Dies bezieht sich sowohl auf die zuverlässige Energieversorgung für Unternehmen, die vor Ort produzieren wollen, als auch auf die Bereitstellung einer ausreichenden und funktionierenden Verkehrsinfrastruktur für die Distribution der importierten oder lokal gefertigten Güter. Die Verkehrsinfrastruktursituation in Westafrika ist – wie im folgenden Kapitel gezeigt wird – noch stark verbesserungsbedürftig. Aber gerade die Branchen des verarbeitenden Gewerbes sind tendenziell beschäftigungsintensiv und somit auch aus sozio-ökonomischer Sicht von Bedeutung.

Diese wenig diversifizierten Strukturen machen diese Länder anfällig für branchenspezifische Schwankungen oder, im Fall einer hohen Rohstoffabhängigkeit und großem Landwirtschaftsanteil, für Schwankungen von Weltmarktpreisen (vgl. auch Kap. 2.1). Gerade Nigeria mit seinem überproportionalen Wachstum ist stark von den Weltmarktpreisen für Öl und Gas abhängig (über 84 % des Exportwertes stammen aus der Öl- und Gasindustrie), sowie ebenfalls einige der kleineren westafrikanischen Länder (AfDB et al. 2014a). Diese Abhängigkeit bedeutet, dass die rohstoffreichen Länder starke Einbußen im Exportwert und damit negative Auswirkungen auf die Handelsbilanz und die Deviseneinnahmen durch den Ölpreisverfall von über 50 % seit Juni 2014 verkraften mussten (vgl. IndexMundi o. J.).[4] Für Nigeria ist diese Abhängigkeit der Handelsbilanz vom Ölpreis in Abb. 3.2 aufgezeigt.

---

[3] Industriesektor ist hier definiert als: Bergbau, verarbeitendes Gewerbe, Baugewerbe, Strom-, Gas- und Wasserversorgung (AfDB o. J.d).

[4] Die Preisveränderung basiert auf dem Preisindex von „Crude Oil (petroleum)", berechnet aus den monatlichen USD-Preisen pro Barrel von drei Ölsorten (Dated Brent, West Texas Intermediate und Dubai Fateh).

3.1 Wirtschaftliche Situation und Entwicklung in Westafrika

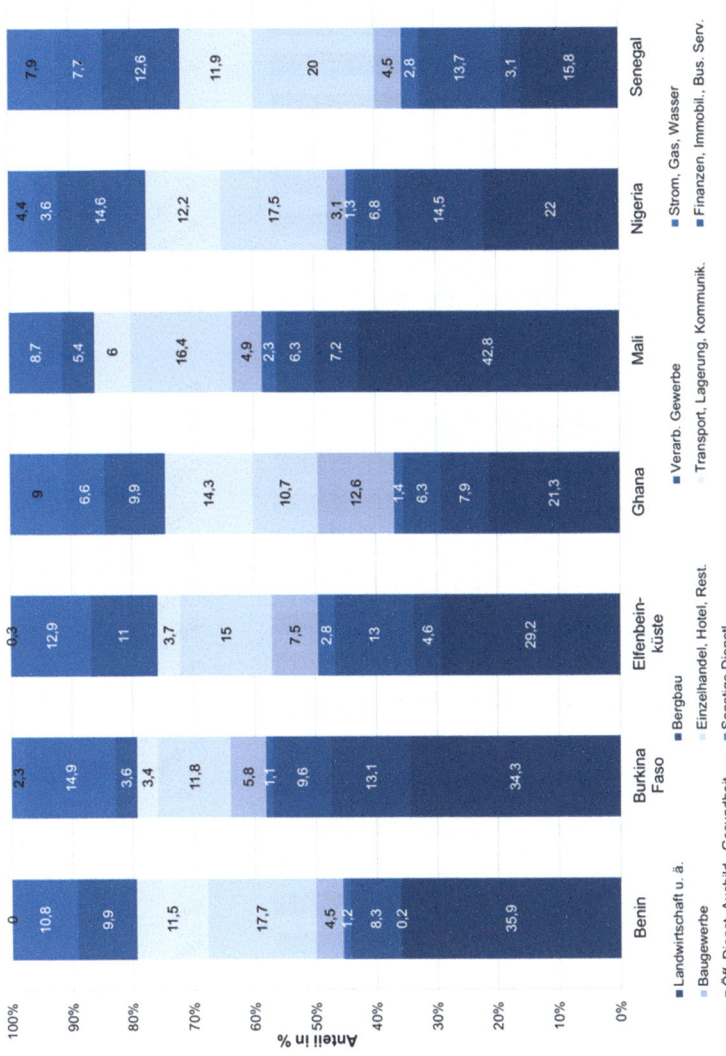

Abb. 3.1 Wirtschaftsstruktur großer ECOWAS-Länder (2012, Anteil am BIP). (Quelle: AfDB et al. (2014b: einzelne Länder Tabellen))

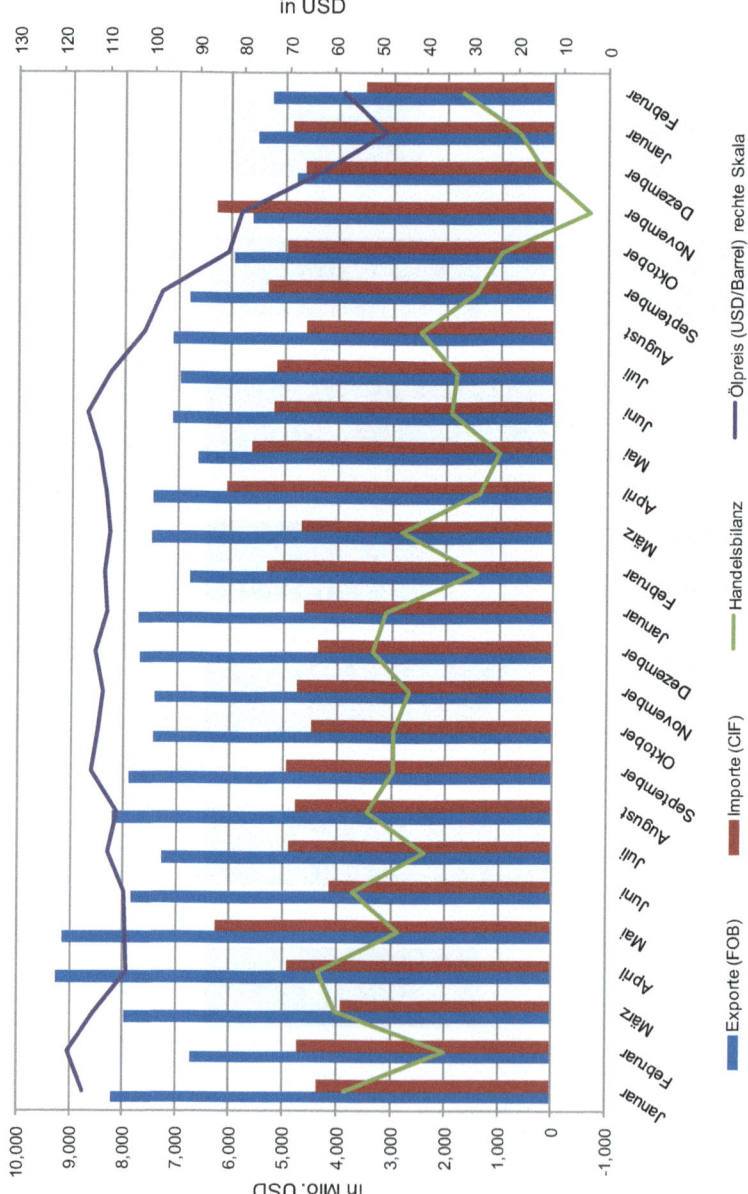

Abb. 3.2 Abhängigkeit der Handelsbilanz vom Ölpreis in Nigeria (2013–2015). (Quelle: Central Bank of Nigeria (o. J.))

Durch den Verfall des Weltmarktpreises ist der durch den Ölexport induzierte Wachstumsimpuls des Außenbeitrags in Nigeria deutlich reduziert, wirkt also wachstumsdämpfend.

Wie in vielen Teilen Afrikas, ist auch in Westafrika die politische Stabilität einiger Länder kritisch. Seit der Jahrtausendwende war die Elfenbeinküste von einem Bürgerkrieg, der von 2002 bis 2007 andauerte, und einem weiteren nach den Wahlen im November 2010 stark betroffen (CIA 2014). In diesen Jahren gab es weitere Unruhen in der Region. Zu nennen sind insbesondere die bewaffneten Aufstände in Nord-Mali, die durch das Eingreifen der französischen Armee und regionaler Streitkräfte der ECOWAS-Länder beendet wurden. Auch der andauernde interne Konflikt zwischen dem muslimischen Norden und dem christlichen Süden Nigerias sowie die militärischen Auseinandersetzungen mit der Boko-Haram-Gruppe im Norden Nigerias sind zu nennen. Laut dem Global Peace Index (GPI) [5] liegen drei Länder (Ghana, Senegal, Burkina Faso) im globalen Mittelfeld, während alle anderen Länder im unteren Viertel des globalen Rankings liegen – mit Nigeria als regionalem Schlusslicht. Ein Lichtblick waren hingegen die Präsidentschaftswahlen in Nigeria im April 2015, bei denen es erstmals einen friedlichen und demokratischen Machtwechsel gab. Für Westafrika als Region ist positiv zu bewerten, dass der Ausblick auf keine Verschlechterung hinweist, allerdings stellt er auch keine Verbesserung in Aussicht (Institute for Economics & Peace 2014, S. 4 ff.).

Des Weiteren haben die Bemühungen, als regionale Einheit politisch und wirtschaftlich aufzutreten, zugenommen. So steht das Thema Währungsunion bzw. Geldpolitikharmonisierung im Rahmen der UEMOA[6] wieder weiter oben auf der Agenda. Bezüglich der wirtschaftlichen Integration wurden die Verhandlungen über eine Verbesserung der ECOWAS-Integration intensiviert (vgl. Box).

ECOWAS – Economic Community of West African States
Die ECOWAS wurde am 28.5.1975 gegründet (Mitgliedsländer vgl. Fußnote 3), um die wirtschaftliche Entwicklung der westafrikanischen Region durch die Förderung wirtschaftlicher Zusammenarbeit und regionaler Integration

---

[5] Der GPI setzt sich aus acht verschiedenen Themengebieten zusammen: Funktionsfähigkeit der Regierung, Qualität des Geschäftsumfeldes, Verteilung der Ressourcen/Einkommen, Akzeptanz der Rechte anderer, gutes Verhältnis zu den Nachbarländern, freier Informationsfluss im Land, gute Ausstattung an Humankapital und niedrige Korruption (Institute for Economics & Peace 2014, S. 9 f., 64). Anhand der Kriterien kann man sehen, dass der GPI vor allem die nationale politische Stabilität im Fokus hat und nur durch das Verhältnis zu Nachbarländern eine grenzüberschreitende Komponente in die Bewertung einfließt.

[6] UEMOA steht für „Union Economique et Monetaire Ouest Africaine".

voranzutreiben (ECOWAS 2010, S. 1). Am 24.7.1993 wurde der Vertrag überarbeitet und neu geschlossen. Mit der Formulierung der „Vision 2020" im Jahr 2007 sollte es zu einer Wiederbelebung der regionalen Integrationsbemühungen kommen. Die ECOWAS strebt seitdem eine funktionierende Zollunion an, in der es keine regionalen Zölle und sonstigen Handelsbarrieren mehr gibt und nur noch gemeinsame Außenzölle gegenüber Drittländern.[7] Hier liegt auch die Herausforderung, da die Mitgliedsländer ihre handelspolitische Souveränität aufgeben müssen. So ist das Ergebnis wenig befriedigend: „ However, the law [der regionalen Handelsliberalisierung] is only honoured in breach." (Abe 2014, S. 73). Der wesentliche Grund für diese Implementierungsprobleme ist laut de Melo und Lasiki (2014) die große wirtschaftliche Diversität der ECOWAS-Mitgliedsländer und daraus resultierend sehr unterschiedliche Interessen, die z. B. zu einer mehrjährigen Verzögerung der Einführung eines gemeinsamen Außenzolls geführt haben. Der nach vielen Verhandlungsrunden gefundene Kompromiss enthält dementsprechend viele Ausnahmeregelungen.

Neben den handelspolitischen Themen, die naturgemäß im Mittelpunkt einer Zollunion stehen, befasst sich die ECOWAS-Kommission mit weiteren regionalen Themen in Form von Projekten und Programmen, wie Politikharmonisierung, Wasserversorgung, Kommunikationstechnologie usw. (Deen-Swarray 2014, S. 30 f.). Ein wichtiger Fokus der ECOWAS-Kommission, sowie für die Fragestellung dieses Buches, ist die Verbesserung der Transportinfrastruktur, für die sogar eine eigene Abteilung, das „Transport and Telecommunication Department", gegründet wurde. Die ECOWAS ist bemüht, regionale Verkehrskorridore instand zu halten und zu erweitern, gemeinsame Grenzposten zwischen den ECOWAS-Ländern aufzubauen sowie eine Beschränkung von Lkw-Beladungsgewichten zum Schutz der Straßenqualität zu implementieren. Es wird versucht, neben der Straße auch wichtige Bahnlinien zu aktivieren (zu reparieren oder neu zu bauen) sowie die Flughafeninfrastruktur auszubauen und die Flugsicherheit zu verbessern. Die Finanzierung dieser Vorhaben ist nicht nur von den Mitgliedsländern abhängig, die i. d. R. Haushaltsprobleme haben, sondern läuft im Rahmen von AfDB-Programmen wie z. B. NEPAD und PIDA (vgl. Box oben) sowie teilweise über Entwicklungszusammenarbeit (ECOWAS o. J.).

---

[7] Seit 1.1.2015 soll dieser in Kraft sein.

3.1 Wirtschaftliche Situation und Entwicklung in Westafrika

Die Umsetzung vieler geplanter Programme und Maßnahmen gestaltet sich in der Realität aufgrund eines mangelnden politischen Willens schwierig. Die dadurch bedingte unzureichende Transportinfrastruktur und die damit einhergehenden hohen Transportkosten für den Export in ECOWAS-Nachbarländer sind für sich genommen ein wesentliches Hindernis für einen intensiveren Handelsaustausch zwischen den ECOWAS-Mitgliedsländern. Beim grenzüberschreitenden Handel in der Region gibt es zusätzliche, massive Behinderungen durch häufige und langwierige Kontrollen und die Zahlung von Schmiergeldern an vielen Grenzen (Deen-Swarray 2014, S. 31). Das Resultat ist ein sehr niedriger Anteil an intraregionalem Handel in der ECOWAS, der in der Zeit von 1994 bis 2012 zwischen ca. 2,5 und 4 % schwankte, also keine besondere Verbesserung aufzeigt (de Melo und Tsikata 2014, S. 13 f.).

Zusammenfassend lässt sich sagen, dass der ECOWAS-Vertrag eindeutig eine Zollunion anstrebt und zulässt, dass aber in der Realität die Umsetzung noch sehr lückenhaft ist. Im Ergebnis existiert bisher de facto kein freier Güter- und Dienstleistungsverkehr zwischen den ECOWAS-Mitgliedern. Die Unternehmen müssen dementsprechend aktuell noch eine Land-für-Land-Distributionsstrategie implementieren. Allerdings gibt es positive Entwicklungen, wie z. B. die Initiative Nigerias, seine Zollstrukturen an die vereinbarte Außenzollstruktur der ECOWAS anzupassen (Abe 2014, S. 75).

Eine funktionierende ECOWAS mit wirklich freiem Güterverkehr innerhalb der Region und guten grenzüberschreitenden Transportkapazitäten hätte eine positive Auswirkung auf die Attraktivität der Region Westafrika für (ausländische) Unternehmen, da es von der Distributionsseite zu einem adäquat großen Markt (Markterweiterung) kommen würde, der ein regionales Distributionslogistik-Setup prinzipiell ermöglichen würde. Bis die ECOWAS diese Bedingungen erfüllt, ist es noch ein langer Weg, da die handelspolitischen Regelungen gegenüber Drittländern noch uneinheitlich sind, der intraregionale Handel noch nicht frei ist und die – wie im folgenden Kapitel gezeigt wird – nationalen und regionalen Transportkapazitäten der Verkehrsinfrastruktur unzureichend sind.

Diese infrastrukturellen Mängel begründen mit, warum im Doing Business Ranking der Weltbank die ECOWAS-Länder nach wie vor im unteren Viertel der Rangliste liegen. Allerdings existieren große Unterschiede zwischen den Ländern: So liegt Ghana auf Rang 70 und damit deutlich vor China (Rang 90), während

Guinea-Bissau auf Rang 179 (von 189) liegt (World Bank 2014b, S. 4 f.). Auf der anderen Seite hat sich die Situation bei den meisten Doing-Business-Kriterien verbessert; vor allem bei der Gründung von Unternehmen, dem Erhalt von Baugenehmigungen, der Stromversorgung und der Anmeldung von Eigentum. In anderen Bereichen sind die Verbesserungen nur marginal, u. a. gab es beim Handel über Grenzen hinweg zwischen 2010 und 2014 nur geringe Fortschritte in der Region, wobei auch hier die Unterschiede zwischen den Ländern sehr groß sind (World Bank 2014c, S. 9). Besondere Fortschritte bei Reformen in den geschäftlichen Rahmenbedingungen haben Togo, Benin, die Elfenbeinküste und der Senegal gemacht, die alle zu den reformfreudigsten zehn Ländern weltweit gehören (World Bank 2014b, S. 6 f.).

Zusammenfassend lässt sich konstatieren, dass Westafrika große Geschäftspotenziale besitzt, die in einem schwierigen politischen und geschäftlichen Umfeld eingebettet sind. Große Herausforderungen sind die Verkehrsinfrastruktur und die allgemeine Logistiksituation, die eine effiziente und kostengünstige Distribution behindern. Diese Aussage wird im folgenden Kapitel beleuchtet.

3.2 Verkehrsinfrastruktur in Westafrika

Die Basis für die heutige infrastrukturelle Lage Westafrikas wurde bereits in der Kolonialzeit gelegt. Die Verkehrsnetze bestanden damals hauptsächlich aus Hafen-Schienen-Verbindungen zum Abtransport von Lebensmitteln und Rohstoffen, die dann um Stichstraßen erweitert wurden. Die Ziele waren die Kontrolle der inländischen Gebiete durch die Besatzer und der Transport der Güter zu den Bahnlinien. Der Großteil der Investitionen floss damals in die Schieneninfrastruktur (Coquery-Vidrovitch 1993, S. 90 ff.). In späteren Jahren wurden zunehmend einfache Straßen- und Pfadnetze etabliert, welche die Schienennetze in vielen Regionen ablösten und teilweise überflüssig machten. Anstatt länderübergreifende Infrastrukturprojekte zu unterstützen, definierten die Kolonialmächte die nationalen Ländergrenzen als Barrieren für Straßen- und Schienenverbindungen (Pourtier 1990, S. 84). Dies führte für die Binnenländer Mali, Niger und Burkina Faso zu einem fehlenden Seezugang (Fayé et al. 2004, S. 31, 37). Diese rein nationale Situation der Verkehrsinfrastrukturen hat sich ansatzweise regionalisiert. Seit 2012 gibt es die „Borderless Alliance"-Initiative (vgl. Box), die den grenzüberschreitenden Handel fördern will, indem sie Hindernisse, welche die Transportkosten erhöhen, zu beseitigen versucht.

Borderless West Africa
Die Borderless Alliance ist eine regierungsunabhängige Initiative, die mit Hilfe des USAID West Africa Trade Hubs und lokalen Partnern im Mai 2012 ins Leben gerufen wurde. Die langfristige Vision der Borderless Alliance ist ein Westafrika, in dem ein Truck schnell und kostengünstig von Abidjan (Elfenbeinküste) nach Lagos (Nigeria) oder von Cotonou (Benin) nach Timbuktu (Mali) fahren kann. Diese erhöhte Transporteffizienz soll zu höherem Gewinn für Unternehmen, stärkerem Wirtschaftswachstum und mehr Arbeitsplätzen in der Region führen (Borderless West Africa 2015). Der geografische Fokus der Initiative umfasst folgende Länder: Benin, Burkina Faso, Elfenbeinküste, Ghana, Mali, Niger, Senegal und Togo. Bezüglich der Ansatzpunkte zur Vereinfachung des regionalen Transportes legt die Initiative den Schwerpunkt ihrer Arbeit auf die Grenzen, Häfen und Handelskorridore Westafrikas (USAID 2014).

Die Borderless Alliance hat als konkretes Ziel, die Transportkosten, die insbesondere beim grenzüberschreitenden Handel in Westafrika anfallen, zu reduzieren. Die detaillierten Ziele lauten:
- Die Umsetzung einer regionalen wirtschaftlichen Integration, die durch die ECOWAS als enorm wichtig eingestuft ist, bisher aber kaum umgesetzt wird (Alsup 2013)
- Eine Deregulierung des Transportsektors
- Schnellere, automatisierte Grenzkontrollen
- Die Bekämpfung von Korruption (Carana Corporation 2010)

Hierzu bietet die Initiative Händlern, Produzenten, Transporteuren und Geldgebern aus der Region eine Plattform zum Ideen- und Erfahrungsaustausch zur jeweils aktuellen Situation beim Transport und Grenzübergang (Borderless West Africa 2015). Die dazugehörigen konkreten Maßnahmen umfassen drei wesentliche Hebel:

1. Schaffung von Transparenz: Erst durch Berichte der Unternehmen über Schmier- und Bestechungsgeldzahlungen sowie illegale Kontrollen auf bestimmten Strecken können die Regierungen in der Region an Programmen zu deren Reduzierung arbeiten. Bereits im Jahr 2013 wurden in Burkina Faso und Niger per Anordnung der Regierung mehrere Checkpoints abgebaut. Insbesondere Lebensmittelproduzenten in der Region, die zuvor häufig fürchten mussten, dass Teile ihrer Ware bei langen Transportzeiten verderben, erwarten sich von solchen Initiativen höhere Gewinne (CTA 2013).

2. Förderung der regionalen wirtschaftlichen Integration in der ECOWAS: Borderless hilft bei der Analyse von Umsetzungsproblemen in diesem Bereich. Die Sammlung von Daten über Umfragen (wie bspw. Korruption an den Grenzen, die Höhe von Zollzahlungen etc.) hilft der ECOWAS, Hindernisse bei der Umsetzung von konkreten Maßnahmen zu benennen und diesen entgegenzuwirken. So konnten beispielsweise Borderless-Mitglieder in Benin dazu beitragen, das Finanzministerium von den wachstumshemmenden Effekten der Agrarzölle zu überzeugen, was schließlich zu deren Abschaffung führte (Hamoui 2015).
3. Border Information Center (BIC): An wichtigen Kontrollpunkten entlang der Haupt-Verkehrskorridore wurden Informationsstellen eingerichtet, in denen ehemalige Grenzbeamte, jetzt Borderless-Mitarbeiter, über rechtliche Besonderheiten und Regelungen der jeweiligen Länder informieren. Durch dieses bessere Verständnis der Besonderheiten werden Wartezeiten an den Grenzen verkürzt und Transportkosten reduziert. Die Abfertigungszeiten an Grenzposten mit BIC waren laut einer Analyse aus dem Jahr 2014 um mehr als ein Viertel kürzer als bei Grenzposten ohne BIC (USAID 2014).

Diese drei Hebel und ihre jeweiligen Erfolge verdeutlichen den wichtigsten Ansatzpunkt der Initiative, den Ziad Hamoui, Präsident der Borderless-Initiative, wie folgt beschreibt: „We have found that public officials listen and act when the private sector presents well-documented arguments and makes recommendations." (Hamoui 2015).

Die Finanzierung der Maßnahmen dieser Initiative ist auf die Förderung durch ihre öffentlichen Partner, wie z. B. die ECOWAS, die West African Economic and Monetary Union (UEMOA), die Handelskammern in den westafrikanischen Ländern, die „International Finance Corp.", die „Japan International Cooperation Agency" sowie die U.S. Agency for International Development (USAID) und deren Unterorganisation, das West Africa Trade Hub, angewiesen (USAID 2014). Mitglieder der Initiative sind Unternehmen, die sich durch eine höhere Leistungsfähigkeit der Logistikbedingungen in Westafrika und damit niedrigere Transportkosten eine Stärkung ihres Geschäfts in der Region erwarten. Durch die Mitgliedschaft in der Initiative haben sie stärkeren Einfluss auf politische Entscheidungen, als wenn sie als Einzelunternehmen Vorschläge machen würden. Kleine lokale Unternehmen sind deshalb ebenso Mitglieder der Initiative wie multinationale Konzerne (Unilever, DHL, British American Tobacco oder Nestlé) (Borderless West

Africa 2015). Die messbaren Erfolge der Initiative lassen darauf hoffen, dass mit weiterem Wachstum der Borderless-Initiative auch deren Einfluss wächst und diese so zu einer verbesserten Transparenz und in letzter Konsequenz zu niedrigeren Transportkosten, einer Reduzierung nationaler Interessen und einer verbesserten regionalen Integration beitragen kann.

Inzwischen hat sich die infrastrukturelle Lage verändert. Es gibt in der ECO-WAS-Region einige grenzüberschreitende Straßenkorridore. Auf der anderen Seite wurde das Schienennetz, das nur selten über Landesgrenzen hinweg nutzbar ist, vernachlässigt. Trotz einer großen Anzahl von Häfen fehlt es Westafrika an Hafenkapazitäten. Der Luftverkehr konnte durch Liberalisierungen modernisiert werden, wobei die Kapazitäten aktuell noch niedrig sind, aber ausreichen (World Bank 2013b, S. 16 ff.). Tabelle 3.2 zeigt, wie heterogen und unzulänglich die Verkehrsinfrastruktursituation in den einzelnen Ländern Westafrikas ist.

Tabelle 3.2 zeigt vor allem das Ausmaß der bestehenden Infrastruktur, das für die Gesamtregion deutlich unter dem Niveau von Deutschland liegt. Die Tabelle sagt jedoch nichts über die Qualität der bestehenden Infrastruktur aus, die in vielen Bereichen, wie noch gezeigt wird, niedrig ist. Insgesamt ist auf einen Blick klar, dass die physische Verkehrsinfrastruktur eine leistungsfähige Distribution der Unternehmen behindert.

In den folgenden Abschnitten wird die Situation und Entwicklung der Verkehrsträger Straße, Schiene, See und Luft beleuchtet. Straße und Schiene spielen prinzipiell im nationalen und regionalen Transport eine Rolle, während See- und Luftfracht vorrangig beim internationalen Handel von und nach Westafrika wichtig sind. Dabei wird der Fokus auf die Schifffahrt und die Straßeninfrastruktur gelegt, weil in Westafrika ca. 90 % der Warenströme über den Seeweg und die Straße abgewickelt werden. Das Schienennetz existiert momentan nur sehr rudimentär und ist auf den Personenverkehr ausgerichtet. Die Luftfracht spielt aufgrund der hohen Kosten in den Logistikkonzepten aktuell nur eine nachgelagerte Rolle (ACET 2013).

3.2.1 Zustand des Straßennetzes

Abgesehen von den Haupt-Straßenkorridoren an der Küste und den Verbindungsstraßen ins Hinterland ist das Straßennetz in Westafrika stark ausgedünnt und vernachlässigt. In Westafrika gibt es pro 100 km^2 Landesfläche lediglich 38 km

Tab. 3.2 Übersicht der westafrikanischen Verkehrsinfrastruktursituation. (Je nach Land und Verkehrsträger variieren die Daten von 2009 bis 2014. Quelle: eigene Darstellung; nach CIA (2014))

Land	Flughäfen		Schiene	Straßen			Wasserwege	Häfen und Terminals
	gesamt	asphaltiert	gesamt in km	gesamt in km	asphaltiert in km	asphaltierte Straßen in %	gesamt in km	Auswahl der wichtigsten Häfen
Benin	6	1	438	16.000	1.400	9%	150	Cotonou
Burkina Faso	23	2	622	15.272	-	-	0	-
Kap Verde	9	9	0	1.350	932	69%	0	Porto Grande
Elfenbeinküste	27	7	660	81.996	6.502	8%	980	Abidjan; San Pedro
Gambia	1	1	0	3.740	711	19%	390	Banjul
Ghana	10	7	947	109.515	13.787	13%	1.293	Takoradi; Tema
Guinea	16	4	1.185	44.348	4.342	10%	1.300	Conakry; Kamsar
Guinea-Bissau	8	2	0	3.455	965	28%	0	Bissau; Buba; Cacheu; Farim
Liberia	29	2	429	10.600	657	6%	0	Buchanan, Morovia

3.2 Verkehrsinfrastruktur in Westafrika

Tab. 3.2 (Fortsetzung)

Land	Flughäfen		Schiene	Straßen			Wasserwege	Häfen und Terminals
Mali	25	8	593	22.474	5.522	25%	1.800	Koulikoro (in Niger)
Niger	30	10	0	18.949	3.912	21%	300	-
Nigeria	54	40	3.505	193.200	28.980	15%	8.600	Bony Inshore Terminal; Calabar; Lagos
Senegal	20	9	906	14.008	4.099	29%	1.000	Dakar
Sierra Leone	8	1	0	11.300	904	8%	800	Freetown; Pepel; Shebro Island
Togo	8	2	568	11.652	2.447	21%	50	Kpeme; Lomé
Westafrika gesamt	274	105	9.853	557.859	75.160	13%	16.663	
Deutschland	539	318	41.981	645.000	645.000	100%	7.467	Bremen, Bremerhaven, Hamburg. Wilhelmshaven, etc.

asphaltierte Straßen (Briceno-Garmendia et al. 2010, S. 48).[8] Die Dichte des nationalen Straßennetzes unterscheidet sich stark zwischen den einzelnen westafrikanischen Ländern. Der Zugang zu asphaltierten Straßen ist in Westafrika schwierig. So liegen nur etwas über 20% der Landfläche in Guinea-Bissau, Togo, Nigeria und Gambia weniger als 5 km von einer asphaltierten Straße entfernt. Im Senegal (18%), in der Elfenbeinküste (13%) und in Ghana (12%) ist die Situation noch schlechter, und weitere westafrikanische Länder liegen im einstelligen Prozentbereich (Steck 2012, S. 4 ff.). Diese Zahlen verdeutlichen, wie dünn das asphaltierte Straßennetz ist und warum die Erreichbarkeit ländlicher Regionen besonders bei hohen Niederschlägen deutlich eingeschränkt ist, wenn nicht asphaltierte Straßen unpassierbar werden.

Beispielhaft für die nationale Straßeninfrastruktur sollen die beiden wirtschaftsstärksten Länder der Region betrachtet werden. In Nigeria liegt die Straßendichte mit 21 km/100 km^2 zwar unter dem Durchschnitt Westafrikas, allerdings gibt es insbesondere bei der Anbindung der ruralen Gebiete an den Trans-Saharan Highway im Westen (mit Verbindung nach Abuja) und den Lagos-Mombasa Highway im Süden Fortschritte. Der Nordosten des Landes ist deutlich schlechter erschlossen (PWC 2013, S. 66, 87). Ghana, wo 98% der national transportierten Güter über die Straße laufen, investiert jährlich 1,5% seines BIP in die Straßeninfrastruktur, mehr als jedes andere westafrikanische Land. Die Straßendichte liegt u. a. deshalb bei über 45 km/100 km^2. Die Straßenqualität ist selbst in ruralen Gebieten überdurchschnittlich gut. Insbesondere der ölreiche Südwesten ist gut erschlossen. Probleme bleiben das dünne Straßennetz im Norden des Landes sowie die unzureichende Straßeninfrastruktur in den Agglomerationen im Süden, die zu häufigen Staus führt (PWC 2013, S. 48, 87). Die Beispiele verdeutlichen nochmals die drei wichtigsten Aspekte der nationalen Straßeninfrastruktur: Sie ist mit weitem Abstand der wichtigste Verkehrsträger im nationalen Transport, die Erschließung ruraler Regionen ist kein vorrangiger Fokus und der Ausbau der urbanen Infrastruktur hält nicht mit der zunehmenden Verkehrsbelastung Schritt.

In fast allen Ländern ist die schlechte Straßensituation durch mangelhafte Instandhaltungsmaßnahmen und geringe Bauqualität begründet. Eine Studie des Europäischen Rechnungshofes zeigt, dass die Lebensdauer der Straßen in Burkina Faso und Benin aufgrund von hoher Überladung der Lkws[9] von 15 Jahren auf vier Jahre gesunken ist. In Burkina Faso betrifft dies 44% der asphaltierten

---

[8] In Deutschland sind es etwa 650 km (Emmerichs et al. 2013, S. 756).

[9] Die höchsten Quoten bei den Lkws mit überhöhten Achslasten wurden in Benin und Burkina Faso gemessen, wo 45,9% respektive 22,3% der Lkws deutlich überladen waren (Europäischer Rechnungshof 2012, S. 11).

Straßen. Verschärft wird die Situation durch zu späte oder nicht fachgerecht ausgeführte Instandhaltungsmaßnahmen (z. B. Reinigung der Entwässerungskanäle vor der Regenzeit), sodass die entstehenden Schäden häufig und in großem Maßstab immer wieder auftreten (Europäischer Rechnungshof 2012, S. 11 ff.). Viele westafrikanische Staaten führten 2010 keine oder nur teilweise Streckenkontrollen zur Verkehrssicherheit und zum baulichen Zustand durch: Bei neuen Straßen machen neun der ECOWAS-Länder eine Straßensicherheitsabnahme, sechs nicht; bei bestehenden Straßen machen drei Länder eine regelmäßige Verkehrssicherheitskontrolle, acht Länder teilweise und vier Länder gar nicht (WHO 2013, diverse Länderblätter). Das führt nicht nur zu sich vergrößernden Schäden, sondern erhöht in letzter Konsequenz auch das Unfallrisiko.

Straßen sind auch im regionalen, grenzüberschreitenden Handel der vorrangig genutzte Verkehrsträger. Möglichkeiten zum effizienten Transport zwischen den Ländern bestehen nur über einige Transportkorridore und wenige ausgebaute Küstenstraßen, die entsprechend stark belastet sind (Foster et al. 2011, S. 7). Das Netzwerk basiert auf sieben Verkehrskorridoren, von denen fünf die Binnenländer Mali, Niger und Burkina Faso mit der Küste verbinden. Ein weiterer verbindet die Sahelregionen im Norden. Der wohl wichtigste und frequentierteste Korridor verläuft entlang der Küste (Abb. 3.3). Er führt von Lagos nach Abidjan (durch Benin, Togo und Ghana) und befindet sich, mit Ausnahme der Grenzstraßen von und nach Benin, in einem guten Zustand.

Abb. 3.3 Qualität der wichtigsten regionalen Straßenkorridore 2010. (Quelle: AICD (2011))

Von den ca. 2050 km Verkehrskorridoren sind mehr als 95 % asphaltiert. Im Mittel aller Straßen sind nur 13 % in der Region asphaltiert (Tab. 3.2). Die Weltbank stuft ca. 72 % der Korridore als „in gutem Zustand" ein. Transportkorridore, die ins Landesinnere führen, sind generell in einem schlechteren Zustand als die Küstenkorridore. Ein Beispiel hierfür ist der Verkehrskorridor von Abidjan (Elfenbeinküste) nach Bamako (Mali) und weiter nach Ougadougou (Burkina Faso). Die Küstenländer, wie der Senegal, die Elfenbeinküste oder Benin, haben nur ein nachgelagertes Interesse, in diese Routen zu investieren, da über diese Strecken lediglich das eigene, i. d. R. wirtschaftlich schwache, Hinterland erreicht werden kann. Generell sind die Qualität und der Ausbaugrad der Transportkorridore zwischen den Ländern besser als die der rein nationalen Straßen (Foster et al. 2011, S. 7 ff.). Somit sind Transporte entlang der Korridore (je nach Abschnitt) i. d. R. gut möglich. Bei einer Distribution abseits der Hauptkorridore gibt es allerdings große Herausforderungen.

3.2.2 Situation in der Schifffahrt

In westafrikanischen Ländern ist die Binnenschifffahrt von geringer Bedeutung. Einzig der Niger als drittgrößter Fluss des Kontinents, der Guinea, Mali, Niger, Benin und Nigeria durchfließt, wird in einigen Teilen für den Warentransport genutzt. Durch die zunehmende Versandung aufgrund von Sandstürmen aus der Sahara geht seine Bedeutung für die Wirtschaft jedoch weiter zurück (Afifi 2010, S. 22 f.).

Die wirkliche Relevanz des Verkehrsträgers See offenbart sich im grenzüberschreitenden Handel. Heute werden ca. 90 % des Güterhandels nach Westafrika über den Seeweg abgewickelt (ACET 2013). Das Volumen der in westafrikanischen Häfen umgeschlagenen Güter entspricht ca. 40 % des gesamten Volumens für Seefracht in Sub-Sahara-Afrika und macht Westafrika mit einem durchschnittlichen jährlichen Wachstum von 13,8 % im vergangenen Jahrzehnt zur am schnellsten wachsenden Region im Bereich der Containerfracht (Briceño-Garmendia et al. 2010, S. 250).

In Westafrika gibt es zwölf Tiefseehäfen.[10] Die sechs größten Häfen sind das Apapa Container Terminal und der Tin Can Island Port (beide in Lagos), der Tiefseehafen von Cotonou (Benin), der Tema-Port in Accra (Ghana), der Hafen von Dakar (Senegal) sowie der Hafen von Abidjan (Elfenbeinküste) (vgl. Abb. 3.4.).

---

[10] Eine einheitliche Definition zu Tiefseehäfen existiert in der Literatur nicht. Eine Wassertiefe von 30 Fuß (etwa 10 m) gilt jedoch als Minimum (Dasgupta 2011). Zum Vergleich: Die Wassertiefe des größten deutschen Tiefseehafens, des Jade Weser Ports, beträgt 18 m (Stadt Wilhelmshaven 2015).

3.2 Verkehrsinfrastruktur in Westafrika

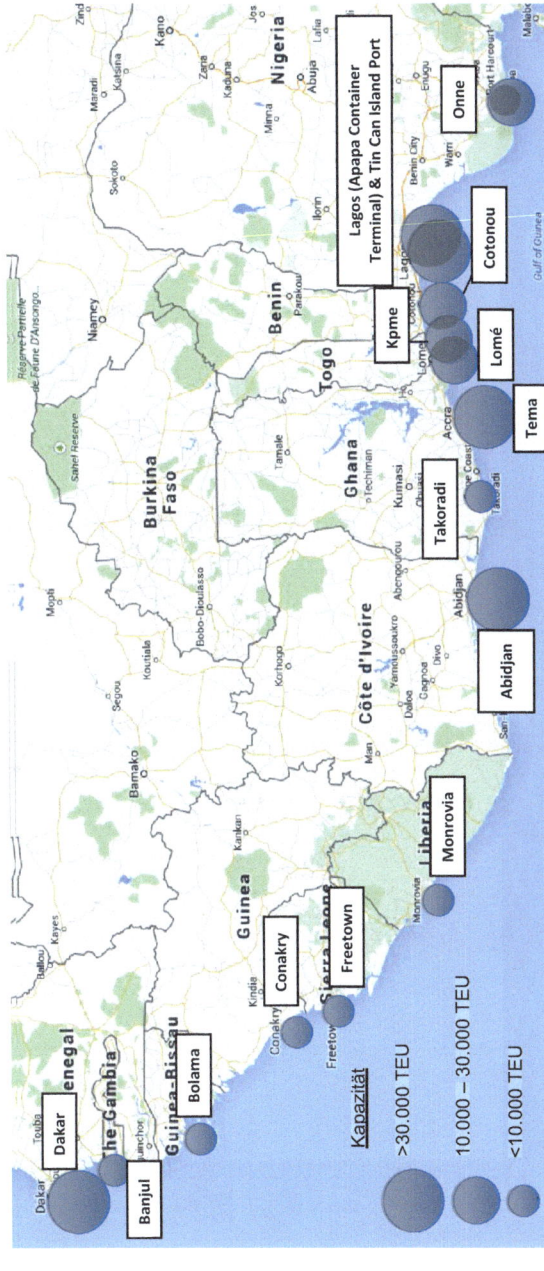

Abb. 3.4 Übersicht der wichtigsten Seehäfen in Westafrika. (Quelle: Googlemaps (2015), Nigerian Ports Authority (o. J.), World Port Source (o. J.), SeaIntel Maritime Analysis (o. J.))

Tab. 3.3 Eckdaten der wichtigsten westafrikanischen Häfen. Quellen: APM Terminals (o. J.); Bolloré Africa Logistics (o. J.); Foster & Briceño-Garmendia (2010); Ghana Ports and Harbours Authority (o. J.); Logistics Capacity Assessment (2014); Maritime Activity Reports Inc. (2014); Maritime Logistics & Trade Consulting (2013); Mercator Media Ltd. (2015); Nigerian Ports Authority (o. J.); Pinsent Masons LLP (2014); Port Autonome de Dakar (o. J.); SeaIntel Maritime Analysis (o. J.); Strategic Research Institute (2015)

Name des Hafens	Stadt	Max. Wassertiefe (m)	Kapazitäten					Hafenabfertigung		Verkehrsanbindung		Investitionsprojekte			
			Anzahl Schiffe im Jahresmittel	Tonnenabfertigung pro Jahr in Mio. t	Kapazität Container Terminal (max TEU)	Anzahl Ankerplätze (berths)	Lagerkapazität (Ha)	Zollabfertigungsdauer (Werktage)	Wartezeit bis zum Entladen des Schiffes (Werktage)	Straße	Zug	Anfangs-Datum	End-Datum	Investitionsvolumen in Mio. USD	Ziel
Lagos Port (Apapa Container Terminal)	Lagos Nigeria	13,5	2012: 1.421	21	32.000	4	Einige Inland Container Depots befinden sich außerhalb des Zollbereichs	5	3-5	Eingehende Fahrspuren: 8 Ausgehende Fahrspuren: 9	3 mal wöchentl. Zugverbindung nach Kaduna oder Kano für 20-40 Container pro Fahrt	1) 2011 2) 2015	1) n.a. 2) aktuell	1) 135 2) 125	1) Erhöhung der Kapazität 2) Modernisierung
Tin Can Island Port	Lagos Nigeria	11,5	2012: 1.609	15	40.250 (ohne PTML-Terminal, wo weitere 100.000 TEU pro Jahr)	10	17,9	5	2	x	n/a	n/a	n/a	n/a	n/a
Cotonou	Cotonou Benin	15	2012: 1.054	6,9	15.000	8	57	2-3	1	x	x	2015	aktuell	ca. 57,8	Vergrößerung der Betriebskapazität auf 20ha, Bau einer Zuganbindung
Tema	Accra Ghana	11,5	1.650	2014: 9,2	20.000	2	10,3	n.a.	2-3	Nur eine Fahrspur, viel Stau	x	2012	2018	137	Vertiefung auf 17m, Kapazitätserhöhung auf 600.000 TEUs, u.a. Bau neues Containerterminal, neue Straßen zum Hafen
Abidjan	Abidjan Elfenbeinküste	12,5	720	21	20.000	5	n.a.	n.a.	1-4	x	Bolloré Africa Logistics betreibt die Sitarail Eisenbahnkonzession (Abidjan-Ouagadougou-Kaya, 1.260km)	2015	2018/2021	ca. 1.145 (China Exim-Bank 875 Mio USD, Banque Atlantique, SocGen and Afreximbank 270 Mio USD)	Vertiefung auf 18m, 2. Terminal zur Kapazitätserhöhung auf 600.000 TEUs, u.a. Vergrößerung Vridi Kanals, Bau RoRo-Terminals
Dakar	Dakar Senegal	13	2013: 2.745	2013: 12	300.000	3	21	n.a.	1	x	x	angekündigt	angekündigt	ca. 320	Vertiefung auf 15m, Kapazitätserhöhung auf 1,5M TEUs, um Transitverkehr zwischen Asien und Amerika zu nutzen

Eine Übersicht dieser wichtigsten westafrikanischen Häfen mit ihrer Ausstattung ist in Tab. 3.3 dargestellt. Schnelles Wachstum des Seefrachtvolumens und ein fehlender Ausbau der Häfen in Westafrika haben in den vergangenen Jahren zu Überlastung und Kapazitätsengpässen geführt (Mbekeani 2013, S. 23). Diese Engpässe liegen häufig in den niedrigen, im Vergleich zu modernen Häfen halb so hohen Abfertigungsraten der Container je Kran, die sowohl vom Alter der Kräne als auch von deren oft manueller Bedienung abhängen. Werden in den großen europäischen und asiatischen Containerhäfen von jedem Kran stündlich etwa 30 Container bewegt, so sind es in Westafrika nur 15 (Gwilliam 2011, S. 214). Diese Engpässe werden auch im Quality of Port Infrastructure Index erhärtet: Nur Ghana, Gambia und die Elfenbeinküste verfügten im Jahr 2014 über Häfen, die ca. 50 % des internationalen Entwicklungs- und Effizienzstandards erreichten. Alle anderen Häfen sind noch ineffizienter (World Bank 2015b). Insbesondere in Takoradi und Tema (Ghana), Bissau (Guinea-Bissau), San Pedro (Elfenbeinküste) und Lagos (Nigeria) wird diesem Kapazitätsproblem mit Investitionen in die Hafeninfrastruktur zurzeit entgegengewirkt (PWC 2013, S. 10). Dennoch beklagten aktuell viele Reedereien und Distributoren das Fehlen eines zentralen maritimen Hubs, also eines großen Umschlaghafens mit ausreichender Kapazität (Anlegeplätze, ausreichende Wassertiefe, moderne Ent- und Beladungskapazität, Lagerung) in der Region (Foster et al. 2011, S. 5).

3.2.3 Zustand des Schienennetzes

Das gesamte Bahnnetz in Westafrika umfasst nur 9853 km nutzbare Schienenverbindungen, was etwa einem Viertel der deutschen Bahnstreckenlänge entspricht. Über ein Drittel des Gesamtnetzes entfällt dabei auf Nigeria, fünf der 15 Länder der ECOWAS-Region besitzen keinerlei Bahnlinien (Tab. 3.2). In Westafrika werden zurzeit 20 Mrd. Tonnenkilometer (tkm)[11] an Gütern auf der Schiene transportiert (Briceño-Garmendia et al. 2010, S. 231). Zum Vergleich: Allein das Unternehmen DB-Schenker transportiert knapp 80 Mrd. Tonnenkilometer pro Jahr in Deutschland (Recker 2013, S. 49). Aufgrund der geringen Nutzung sind in vielen Ländern Teile des Netzwerkes derart verkommen, dass eine Reparatur inzwischen unmöglich ist. Die mit der niedrigen Nutzung verbundene geringe Rentabilität der Bahnlinien führt zu einem Rückgang staatlicher Investitionen in Instandhaltung und Ausbau und verschärft die Situation weiter. Aus den gleichen Gründen sind Investitionen der Privatwirtschaft bzw. eine Privatisierung von Schienenstrecken

---

[11] Tonnenkilometer (tkm) = Beförderung von Gütern im Gewicht von 1 t über 1 km; Messung der Verkehrs- bzw. Beförderungsleistung im Güterverkehr (Land, Wasser, Luft) (Krieger 2015).

schwierig, es sei denn, sie stehen in Verbindung mit dem Abtransport von Rohstoffen zu den Häfen. In diesem Fall ist die kombinierte Rentabilitätsrechnung von Rohstoffgeschäft und Bahnlinie das Investitionskriterium. So konzentriert sich auch der größte Teil des Güteraufkommens auf westafrikanischen Strecken auf die wenigen, i. d. R. eintrassigen Routen zwischen den Exporthäfen und den Minen im Landesinneren (Gwilliam 2011, S. 86 ff.). In den vergangenen Jahren wurden für diese Strecken zunehmend Investitionen akquiriert (vgl. Kap. 5).

Ein grenzüberschreitendes Schienennetz gibt es, anders als in Süd- oder Ostafrika, in Westafrika so gut wie nicht. Die Schienennetze der einzelnen Länder bleiben i. d. R. national isoliert und sind so für viele Wirtschaftsbereiche kaum nutzbar (Tancott 2014). Die überregionale Integration des Schienennetzwerks wird vor allem durch die Nutzung verschiedener nationaler Trassenbreiten erschwert. Die Spurbreite von einem Meter der meisten frankophonen Länder weicht von den Netzen in Ghana oder Nigeria ab. Guinea und Liberia haben wiederum eine andere Breite (Foster et al. 2011, S. 18 ff.). Die wichtigsten Ausnahmen bilden eine Linie zwischen Dakar (Senegal) und Bamako (Mali) sowie die Schienenverbindung vom Hafen in Abidjan (Elfenbeinküste) nach Ougadougou (Burkina Faso), die vom Unternehmen Sitarail betrieben wird und Güter innerhalb von ca. 48 h in das Binnenland befördert (Nathan Associates Inc. 2013, S. 51).

In der Distributionslogistik in Westafrika spielt die Schiene aufgrund des dünnen Netzwerkes und des schlechten Zustands daher keine nennenswerte Rolle. Die Konsequenz ist, dass auch Massengüter, die idealerweise mit der Bahn befördert werden könnten, auf der Straße transportiert werden müssen, was für Unternehmen zu zusätzlichen Kosten und höherer Transportdauer führt; darüber hinaus werden die Straßen stärker belastet.

3.2.4 Situation im Lufttransport

Ähnlich wie die Schifffahrt spielt der Lufttransport für Westafrika hauptsächlich beim internationalen Güterverkehr eine Rolle. Die Luftfrachtvolumina steigen seit Jahren ähnlich schnell an wie das Güterimport- und -exportvolumen (2005–2013: 10,2 % CAGR für Exporte und 12,7 % für Importe) (WTO 2015). Im Jahr 2013 wurden über Flughäfen der ECOWAS knapp 367.000 t Luftfracht transportiert (das entspricht 0,8 % der weltweiten Luftfracht), von denen ca. 250.000 t über Nigeria gingen (WorldACD 2015).[12] Aufgrund der geringen Größe der meisten westafri-

---

[12] Zum Vergleich: Das weltweite Luftfrachtvolumen liegt bei ca. 44 Mio. t (WorldACD 2015).

3.2 Verkehrsinfrastruktur in Westafrika

kanischen Länder verfügen viele nur über eine begrenzte Anzahl an Flughäfen mit asphaltierten Landebahnen. Ausnahmen bilden Nigeria, Niger, Ghana, die Elfenbeinküste und die Kap Verden (Tab. 3.2). Die Anzahl der Flughäfen in Westafrika ist seit Jahren weitestgehend stabil. Die Qualität der Landebahnen unterscheidet sich jedoch stark zwischen häufig frequentierten, internationalen Flughäfen, die sich meist in der jeweiligen Hauptstadt befinden, und solchen in den ländlichen Regionen, die i. d. R. keine asphaltierten Landebahnen besitzen. Somit sind diese für größere Luftfrachtmengen nicht ausgestattet (Gwilliam 2011, S. 144 f.). Zudem wurde ein Großteil der Flughäfen verglichen mit internationalen Standards nach dem „Low-Cost-Prinzip" entworfen, sodass aktuell oft nur eine Bahn für Start und Landung vorgesehen ist und bei vielen Flughäfen der Luftverkehr von Sicherheitsmängeln betroffen ist (Gwilliam 2011, S. 88). Durch schlechte Instandhaltung und mangelhafte Luftüberwachung sind die Unfallraten deutlich höher als in anderen Regionen Afrikas (Foster et al. 2011, S. 7 f.). In Westafrika gab es im Durchschnitt 23 Tote auf 100.000 Einwohner im Jahr 2010 (zum Vergleich Deutschland mit 4,7) (WHO 2013).

Die Luftfracht stellt aber keinen infrastrukturellen Kapazitätsengpass dar. So können selbst bei einer Wartezeit von 20 min zwischen zwei Flügen mehr als 250 Flüge in der Woche abgefertigt werden und so den aktuellen Kapazitätsbedarf decken (Bofinger 2009, S. 3). Trotz der steigenden Volumen bleibt die Luftfracht ein für Westafrika eher unwichtiger Verkehrsträger. Vorteile, wie schneller Transport und schnelle Abfertigung, werden durch hohe Kosten neutralisiert. Lediglich bei hochwertigen und Express-Gütern kann der Luftweg als Alternative dienen, verlangt aber bei einer Distribution außerhalb der Hauptstädte, wie auch beim Schiffstransport, kombinierte Transportsysteme. Im nationalen Kontext spielt der Luftverkehr aufgrund der hohen Kosten sowie der geringen Größe vieler Länder in der nationalen Distribution so gut wie keine Rolle.

Sonstige Einflussfaktoren auf die Logistiksituation in Westafrika

4

Das vorherige Kapitel hat gezeigt, dass vor allem zwei Verkehrsträger von Bedeutung für die Distribution in Westafrika sind: für den grenzüberschreitenden, internationalen Handel die Schifffahrt und für die nationale und regionale Distribution der Straßentransport. Es wurde gezeigt, dass der aktuelle Zustand der physischen Transportinfrastruktur die Leistungsfähigkeit der Distributionslogistik beeinträchtigt. Um die tatsächliche Distributionslogistiksituation zu erfassen, müssen weiche Faktoren, wie administrative, rechtliche oder politische Rahmenbedingungen, und deren Einfluss auf die Distribution ebenfalls berücksichtigt werden. Sie können in Entwicklungsländern in Form von versteckten Kosten einen nennenswerten Einfluss auf Logistikkosten und -prozesse haben. Die weichen Faktoren beeinflussen vorwiegend Transportkosten, Verfügbarkeit und Transportdauer (vgl. Kap. 6.2).

Eine gängige Herausforderung in der Logistik in Westafrika sind Verzögerungen, die aufgrund vielfältiger Ursachen, neben der schlechten Verkehrsinfrastruktur, entstehen können. Die größten Verzögerungen entstehen durch die Verweildauer (engl. dwell time) der Container im Hafen, die mehr als 60 % der Gesamtzeit von der Ankunft im Hafen bis zur Ankunft beim Endkunden ausmachen kann (vgl. Abb. 4.1).

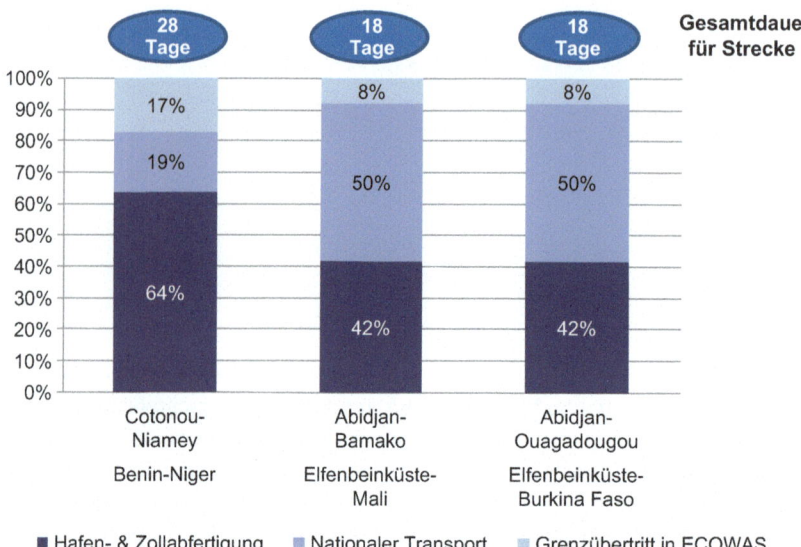

Abb. 4.1 Zusammensetzung der Transportdauer ausgewählter Strecken 2013. (Quelle: Nathan Associates Inc. (2013, S. 141), eigene Darstellung)

Laut einem aktuellen Report sind in eine durchschnittliche Zollabwicklung in Westafrika 30 bis 40 unterschiedliche Parteien involviert, 40 unterschiedliche Dokumente werden benötigt und 200 Datensätze verarbeitet (Manners-Bell 2015). Auch Ineffizienzen und fehlende Kapazitäten in den Häfen führen dazu, dass ein Schiff laut offiziellen Angaben in Apapa (Lagos) drei bis fünf Tage bis zum Entladen warten muss. In anderen großen Häfen der Region sind es zwischen zwei und vier Tagen (SeaIntel Maritime Analysis o. J.). Offiziell dauert die Zollabfertigung dann noch einmal weitere drei bis fünf Tage (Nigerian Ports Authority o. J.). Eine weitere Ursache für Verzögerungen liegt in den Transportzyklen[1] bzw. Taktzeiten der Lkws im Hafengebiet. Die weltweite „best practice" liegt bei etwa einer Stunde, in Westafrika hingegen dauert ein Transportzyklus zwischen sechs und 24 Stunden (Mbekeani 2013, S. 23). Im Gegensatz zu den gerade genannten offiziellen Angaben sehen die Experten aus den Interviews in der Praxis deutlich höhere Hafen- und Zollabfertigungsdauern von ein bis vier Wochen, wobei diese von Land zu Land variieren. In Ghana und im Senegal dauert die Zollabfertigung neun bis zehn Tage und in Nigeria ca. 14 Tage, solange keine unvorhergesehenen Probleme auftauchen (vgl. Kap. 9).

---

[1] Unter einem Transportzyklus werden hier das Beladen, Transportieren, Abladen zur Einlagerung am Hafen und die Rückkehr zum Ort des Beladens verstanden.

4 Sonstige Einflussfaktoren auf die Logistiksituation in Westafrika

Hauptursache für Verzögerungen im nationalen und regionalen Transport sind häufige Checkpoints, Kontrollen und Straßenblockaden: „[...] a number of recent studies confirm that roadblocks (both formal and informal) are rampant on West Africa's major transit corridors." (Foster et al. 2011, S. 19). Solche Straßensperren befinden sich an nahezu jeder Stadtgrenze und an jeder Grenze zwischen Verwaltungsbezirken sowie zwischen Ländern (Mbekeani 2013, S. 26). Bei diesen Checkpoints handelt es sich sowohl um staatliche Kontrollen als auch um inoffizielle Straßensperren (UEMOA 2013b, S. 5). Die Anzahl von Kontrollen auf den Strecken variiert stark. Sie werden vor allem durch die Polizei und die Gendarmerie (in französischsprachigen Ländern) durchgeführt (UEMOA 2013b, S. 3). Hinzu kommen auf bestimmten Strecken inoffizielle Kontrollen durch Gemeinden oder kriminelle Gruppen. Diese vielen und unregelmäßigen Kontrollen sind aus Sicht der Experten einer der Hauptgründe für Verzögerungen und schlechte Planbarkeit im Straßentransport (vgl. Kap. 9). Um bspw. Fracht von Bamako (Mali) nach Ougadougou (Burkina Faso) zu transportieren, müssen bei einer Strecke von ca. 850 km 30 solcher Checkpoints passiert werden (Foster et al. 2011, S. 26 f.). Weitere Verzögerungen auf den Strecken ergeben sich aus dem schlechten Zustand vieler Lkws in Westafrika. Dieser ist durch das hohe Alter der Lkws, vor allem solcher in privatem Besitz, sowie die unregelmäßige Instandhaltung bedingt (Briceño-Garmendia et al. 2010, S. 220). Die oben als in weiten Teilen in schlechtem Zustand beschriebene Straßeninfrastruktur verschärft das Problem der hohen Instandhaltungskosten der Lkws deutlich. Ebenso wenig werden die Vorschriften zum zulässigen Transportvolumen und -gewicht geprüft, was zu einer regelmäßigen Überladung und zum Zusammenbruch der Trucks führt (vgl. Kap. 9).

Im Zusammenhang mit den oben erwähnten Kontrollpunkten entstehen weitere Kosten, da es bei offiziellen und inoffiziellen Kontrollen regelmäßig zu Erpressungen und Schmiergeldzahlungen kommt (Foster et al. 2011, S. 26). Vor allem wird die Zahlung von Bestechungsgeldern an Grenzposten, Checkpoints und zur Beschleunigung administrativer Prozesse nötig. Während in Ghana etwa 2 USD Schmiergelder pro 100 km gezahlt werden müssen, sind es in der Elfenbeinküste, in Niger oder Mali zwischen 5 und 10 USD. Diese Kosten können jedoch stark variieren. So werden auf der Küstenstrecke von Lagos nach Abidjan etwa 300 USD je Lkw fällig (UEMOA 2013b, S. 9 ff.).

Ein weiterer, indirekter Kostentreiber findet sich in den kartellartigen Strukturen auf dem Lkw-Transportmarkt, die sich in vielen westafrikanischen Ländern feststellen lassen. Diese Kartellbildung, die in Westafrika, im Vergleich zum gesamten Kontinent, besonders hoch ist, führt zu geringerem Wettbewerb, geringerer Qualität und höheren Preisen durch Preisabsprachen bei den Transporten (Mbekeani 2013, S. 23). Ein staatliches Eingreifen, das zur Senkung der Frachtraten und zur

Verbesserung der Qualität nötig wäre, wird durch den Einfluss der Kartelle verhindert. Diese drohen, basierend auf ihrer Marktdominanz, mit einer Handelsblockade (Briceño-Garmendia et al. 2010, S. 221). So liegen die Frachtraten bei 0,08 USD/tkm, die nicht in Relation zu den tatsächlichen Transportkosten stehen, sondern lediglich eine hohe Gewinnmarge von etwa 80 % widerspiegeln (Raballand et al. 2008, S. 40). Die Frachtraten in Europa betragen etwa die Hälfte. Darüber hinaus wird am Markt durch die Beschränkung der Kabotage[2] eine nationale Monopolbildung begünstigt (Gwilliam 2011, S. 75 f.). Auch beim Transport zwischen anglophonen und frankophonen Ländern wird das Kabotageverbot deutlich: Häufig fahren Lkws bei grenzüberschreitenden Fahrten leer zurück, da Aufträge nur nationalen Anbietern erteilt werden. Steigende Transportkosten sind die Folge (Nathan Associates Inc. 2013, S. 110). Die sogenannte „Tour de Rôle"[3] (fr: umschichtig/abwechselnd), die eine gleichmäßige Auftragsverteilung an alle beteiligten Transportunternehmen bedeutet, ist eine weitere Wettbewerbseinschränkung und führt in vielen Fällen zur Vernachlässigung der Transportflotte – Instandhaltung und Neuanschaffungen werden als unnötig angesehen (Briceño-Garmendia et al. 2010, S. 220). Je nach Saison werden vom Kartell die Kosten und die Routenprioritäten festgelegt. Sind beispielsweise zu Zeiten der Baumwollernte die Lkws ausgebucht, legen die Transportkartelle fest, dass Transporte ins Hinterland mit einer niedrigeren Priorität behandelt werden (Nathan Associates Inc. 2013, S. 110). Dies behindert die zuverlässige Distribution in den Ländern. Darüber hinaus kooperieren nationale Frachtbüros häufig mit der nationalen „Trucker Union", dem Bund der Lkw-Fahrer, und sorgen so für hohe Frachtraten. Auch in den Häfen haben Gewerkschaften teilweise einen großen Einfluss, was zum einen zu höheren Personalkosten und zum anderen zu einer Verschleppung der Automatisierung führt, um eine hohe Beschäftigung in den Häfen sicherzustellen. Die Produktivität liegt dadurch und durch häufig schlechte oder fehlende Ausbildung der Arbeiter sowie fehlende Ausrüstung aktuell bei etwa 50 % des weltweiten Standards (Foster et al. 2011, S. 32).

Sonstige Behinderungen der Logistik ergeben sich aus den politischen Rahmenbedingungen. Vor allem der niedrige Funktionsgrad der ECOWAS-Integration (vgl. Box in Kap. 3.1) erschwert, verlängert und verteuert den Handel zwischen westafrikanischen Ländern. So existiert nach wie vor eine Vielzahl bina-

---

[2] Das Recht eines Transportdienstleisters, im Ausland tätig zu sein.
[3] Diese Methode beschreibt eine zentralisierte Verteilung der Frachten auf die Marktteilnehmer nach einem rollierenden Prinzip, das somit die Marktanteile gleichmäßig aufteilt. Werden Transportdienstleistungen bspw. bei der „Trucker Union" angefordert, werden die Aufträge auf Basis einer Liste an Dienstleister vergeben, sodass diese nicht in freiem Wettbewerb zueinander stehen.

tionaler Abkommen, die durch Schutzzölle gegenüber anderen westafrikanischen Ländern den Handel weiterhin behindern. Auch der Protektionismus gegenüber Nicht-ECOWAS-Ländern ist nach wie vor hoch, u. a. existieren Zollkontingente, eine Begrenzung der Anzahl von Importlizenzen sowie Zölle. Darüber hinaus erschweren die unterschiedlichen Sprachen und die unterschiedlichen Währungen den grenzüberschreitenden Transport, weil z. B. Dokumente in Französisch und Englisch vorliegen müssen, da diese andernfalls, ebenso wie Fremdwährungen, an der Grenze nicht akzeptiert werden. Hierdurch entstehender Mehraufwand und Verspätungen sind ein Kostenfaktor, der beim grenzüberschreitenden Handel nicht unterschätzt werden sollte. Ein Aspekt, der eine untergeordnete Rolle in puncto Kosten spielt, aber häufig vorkommt, ist der Waren- (vor allem Lebensmittel und Konsumgüter) und Dieseldiebstahl (vgl. Kap. 9). In den vergangenen Jahren ist vor allem die Piraterie als eine der brutalsten Formen des Diebstahls in die Schlagzeilen geraten. Auch wenn die Zahlen seit 2010 konstant rückläufig sind (Statista 2015), sollte dieser Risikofaktor insbesondere vor der Küste Nigerias weiterhin berücksichtigt werden (IMB 2010, S. 5).

Dieser Abschnitt verdeutlicht, dass es neben dem Zustand der physischen Transportinfrastruktur weitere, nicht zu unterschätzende, versteckte Verzögerungs- und Kostenfaktoren gibt, die eine leistungsfähige Distributionslogistik beeinträchtigen. Viele dieser weichen Faktoren stehen in einer Wechselbeziehung zu der Situation der physischen Infrastruktur, d. h., sie bedingen sich gegenseitig und sollten für eine realistische Einschätzung der Gesamtsituation in der Distributionslogistik beide berücksichtigt werden.

Erwartete Entwicklung der Rahmenbedingungen für Logistik 5

Die Entwicklungen der Transportinfrastruktur und der Logistikrahmenbedingungen der letzten Jahre lassen leichte positive Trends in Bezug auf die zukünftigen Herausforderungen in der Distributionslogistik erkennen. Dabei steht ein enormer Investitionsbedarf zum Schließen der Verkehrsinfrastrukturlücke außer Frage, um eine Verbesserung der Infrastruktur zu erreichen. Das „Afrikanische Programm zur Entwicklung der Infrastruktur" (PIDA) schätzt allein die Kosten für die dringendsten Verkehrsinfrastrukturprojekte in Sub-Sahara-Afrika auf über 25 Mrd. USD bis 2020 (vgl. Box in Kap. 2.2). Bei den größten geplanten Infrastrukturprojekten Westafrikas stehen vor allem die Erweiterung des Straßennetzes und der Ausbau bestehender bzw. der Neubau von Häfen im Fokus. Einige große Investitionen in Schlüsselprojekte zum Ausbau des Schienennetzes, z. B. in Nigeria, sind ebenso geplant. Tabelle 5.1 zeigt eine Auswahl von wichtigen Verkehrsinfrastrukturprojekten in Westafrika.

Betrachtet man die Entwicklung bei der Straßeninfrastruktur, werden immer wieder Projekte zum Ausbau (neue Straßen, Erweiterung von einspurigen auf zweispurige Fahrbahnen) und zur Instandsetzung der Transportinfrastruktur angestoßen. Davon gehen ca. 90 % in die erwähnten Hauptkorridore und urbanen Regionen, sodass die kostspielige Anbindung mittelgroßer Städte und ländlicher Regionen nur schleppend verbessert wird (Briceño-Garmendia et al. 2010, S. 5 ff.).

Tab. 5.1 Wichtige Infrastrukturprojekte in Westafrika. (Quellen: Aéroport International Blaise Diagne (o. J.); Africa Research Online (2013); Afriquinfos (2014); Akete (2012); Commonwealth Business Communication Ltd. (2013); Gouvernement du Benin (o. J.); Gouvernement du Burkina Faso (o. J.); Leaders & Company Limited, Co. (2010); Meißner (2013); Reuters (2014); Otegbeye (o. J.); Punch Nigeria Ltd. (2015); SOFRECO Led Consortium (2011); Strategic Research Institute (2015); Steer Davies Gleave (2012); Vanguard Media Limited (2014))

Projekt	Land	Verkehrsträger	Startdatum	geplantes Enddatum	Auftraggeber	(ausländische) Finanzierung	Investitionssumme in Mio. USD
Neubau eines Hafens in Seme-Kpodji, um der Überlastung in Cotonou entgegenzuwirken	Benin	Hafen	2015	2019	Regierung von Benin	offen	ca. 950
Neubau des größten nigerianischen Hafens in Lagos (Lekki)	Nigeria	Hafen	2011	2015/2016	Regierung von Nigeria	China (privat), Lagos State, Nigerian Ports Authority, Islamic Development Bank	ca. 1.550
Neubau eines Hafens samt zollfreiem Bereich in Badagry	Nigeria	Hafen	2013	2019	Regierung von Nigeria	APM Terminals	offen
Neubau des Lekki-Epe Airports (Lagos)	Nigeria	Flughafen	angekündigt	offen	Regierung von Nigeria	offen	ca. 400
Neubau des Flughafens "Blaise Diagne" als Ersatz des Flughafens von Dakar	Senegal	Flughafen	2006	offen	Regierung von Senegal	n.a	ca. 700
Bau einer Schienenstrecke Cotonou-Niamey-Ouagadougou-Abidjan zur besseren Hafenanbindung	Benin, Burkina Faso, Niger, Elfenbeinküste	Schiene	aktuell	offen	Nationale Regierungen	u.a. EU-Fördergelder, Bolloré-Group	ca. 2.100
Bau der Küstenlinie von Lagos nach Calabar einschließlich 22 Bahnhöfe	Nigeria	Schiene	angekündigt	offen	Regierung von Nigeria	China Railway Construction Corporation	12.000

Tab. 5.1 (Fortsetzung)

Projekt	Land	Verkehrs-träger	Start-datum	geplantes End-datum	Auftraggeber	(ausländische) Finanzierung	Investitions-summe in Mio. USD
Trans-West African Coastal Highway (Dakar - Lagos) und Praia Maritime Link	Benin, Togo, Ghana, Elfenbein-küste, Nigeria	Straße	2014	2016	Nationale Regierungen	Weltbank	290
Sanierung und Ausbau Lagos-Ibadan Expressway	Nigeria	Straße	2015	2017	Regierung von Nigeria	Regierung von Nigeria, Julius Berger, Reynolds Construction Company (RCC)	ca. 885
Ausbau der Koupéla-Tenkodogo-Bittou Route	Burkina Faso, Togo	Straße	2012	offen	Regierung von Burkina Faso	African Development Bank, Deutschland (KfW), Burkina Faso	> 190

Bei zwei großen Projekten in der Region handelt es sich um länderübergreifende Straßenverkehrskorridore. Das erste Projekt ist der Ausbau und die Sanierung des wichtigen Küstenkorridors zwischen Dakar (Senegal) und Lagos (Nigeria), auf dem 75 % des westafrikanischen Güterverkehrs, zumindest streckenweise, transportiert wird. Mangelhafte Straßenabschnitte, insbesondere in Guinea, Liberia und Gambia, sollen ausgebessert und eine einheitliche Beschilderung soll eingeführt werden. Das zweite wichtige Projekt ist der Korridor von Nouakchott (Mauretanien) über Dakar (Senegal) nach N'Djamena (Tschad), der die Verbindung der westafrikanischen Sahara-Staaten mit Zentralafrika verbessern soll. Diese 4700 km lange Verbindung soll zudem den Handel zwischen Niger und Nigeria sowie Niger und Burkina Faso vereinfachen und den Zugang zu landwirtschaftlich wichtigen Regionen der Länder sicherstellen (Nepad Business Foundation 2013, S. 26 ff.). In Planung ist auch, die vom Bürgerkrieg in der Elfenbeinküste schwer beschädigte Route von Abidjan (Elfenbeinküste) nach Bamako (Mali) zu sanieren (WEF 2013b, S. 12). Ein Problem bei den Straßenbaumaßnahmen bleibt die schlechte Qualität der Bauweise und damit einhergehend eine kurze Lebensdauer der Straßen. Die Verschlechterung der Straßen wurde bisher stark von überladenen Lkws beschleunigt, die in einigen Ländern durch den Aufbau von Wiegestationen nunmehr verstärkt kontrolliert werden sollen (vgl. Kap. 9).

Der aktuelle Fünf-Jahres-Plan der ECOWAS sieht einen Investitionsbedarf von 1,5 Mrd. USD p. a. für Straßenausbau und -sanierung vor. Die Finanzierungsmöglichkeiten der westafrikanischen Staaten sind allerdings aufgrund anhaltender Haushaltsdefizite (vgl. Tab. 3.1) beschränkt, sodass sie auf eine stärkere Einbindung der Privatwirtschaft in Form von Public-Private-Partnerships (PPP) angewiesen sind (AfDB 2012, S. 2 ff.). Deshalb stehen ein vereinfachter Zugang zu ausländischen Fördergeldern und die erhöhte Integration von ausländischen Experten im Fokus. Insbesondere in Nigeria, wo zurzeit die größten westafrikanischen Projekte durchgeführt werden, beteiligen sich bereits häufig ausländische Unternehmen an der Finanzierung und Durchführung (Deloitte & Touche 2013, S. 17). Zur Finanzierung von Straßenbauprojekten haben einige Staaten eine „Kraftstoffabgabe" eingeführt, die in sogenannte „road funds" fließt. Allerdings liegen die Einnahmen häufig unter den für die Instandhaltung benötigten Summen (Briceño-Garmendia et al. 2010, S. 5 ff.). Auch bei den Instandhaltungsinvestitionen klafft in den meisten westafrikanischen Ländern eine Finanzierungslücke. So ist der festgelegte Instandhaltungsbedarf in Burkina Faso nur zu 38 % gedeckt, weil der Fokus, wie in den meisten Ländern der Region, auf Ausbau- und Sanierungsmaßnahmen liegt (Europäischer Rechnungshof 2012, S. 13).

PIDA sieht zudem auch den Ausbau und den Neubau weiterer Seehäfen (vgl. Tab. 3.3) in der Region vor. Die größten Neubau-Projekte finden in Nigeria (Lekki Port bis 2018 und Badagry bis 2019 mit jeweils ca. 600.000 TEU) statt. In der

5 Erwartete Entwicklung der Rahmenbedingungen für Logistik

Forécariah-Region (Guinea) wird ebenfalls ein neuer Hafen zum Abtransport von Eisenerz errichtet (KIL 2015), und seit Ende 2014 investiert die Elfenbeinküste 700 Mio. USD in ein neues Trockenhafen-Containerterminal (Green 2014).

Das Fehlen eines großen Seehafen-Hubs (neben fehlender „Free Trade Zones") galt bisher als Hindernis für regionale Distributionshubs der Unternehmen.[1] Mit der Eröffnung des Lomé Container Terminals in Togo im November 2014 könnte ein erster Schritt zur Lösung dieses Problems getan worden sein. Der neue Hafen mit einer Wassertiefe von 17 m soll als Hub für neun weitere Häfen dienen,[2] die mit einer Zubringerflotte erreicht werden können (Mercator Media Ltd. 2015). Ein solcher Re-Export der Ware in anliegende Länder ist bisher (außer in Ghana für Logistikunternehmen) noch nicht möglich (vgl. Kap. 9), er ist aber eine zwingende Voraussetzung für Unternehmen, die ein regionales Distributionscenter für die ECOWAS aufbauen möchten.

Der Ausbau der Hafenkapazität erfolgt auch über Investitionen in moderne Ent- und Beladegeräte, was verkürzte Umschlagzeiten, höhere Produktivität und verbesserte Sicherheitsbedingungen bedeutet (Mundy et al. 2008, S. 5). Durch die Privatisierung einiger Häfen konnte der Service in den vergangenen Jahren verbessert werden. Die wachsende Anzahl der Public-Private-Partnerships (PPP) und Konzessionierungen sorgt in der Region für verstärkte Konkurrenz zwischen den privaten Hafenbetreibern. Die wichtigsten Konzessionäre sind in Westafrika die „Bolloré-Group"[3] und „Moeller-Maersk"[4] (Debrie 2012). Der fortschreitende Trend der Privatisierung lässt bereits positive Folgen erkennen und wird, vorausgesetzt, dass der Aus- und Neubau von Häfen wie geplant vorangeht, für verkürzte Wartezeiten und somit niedrigere versteckte Transportkosten sorgen. Weiter kostensenkend wirkt auch die geplante infrastrukturelle Anbindung der Häfen an die Städte (z. B. der Neubau einer Schnellstraße, die die dritte Abidjan-Brücke und das Straßenkreuz Giscard d'Estaing verbindet und so den Zugang zum Hafen von Abidjan verbessert) (Deloitte & Touche 2013, S. 16). Ein weiteres Beispiel für eine Investition in multimodale Transportsysteme ist das „West Africa Hub Port and Rail Program". Durch eine verbesserte Verbindung der bestehenden Schienennetze mit den Küstenhäfen soll der Nutzungsgrad der Bahn und damit die Rentabilität erhöht werden (WEF 2013b, S. 12).

---

[1] Aktuell werden Hafen-Hubs in Europa verwendet, um dann die Ware in die entsprechenden Häfen in Westafrika direkt zu liefern (vgl. Kap. 9).

[2] Die Häfen sind: Abidjan, Cotonou, Douala, Freetown, Lagos (Tin Can), Libreville, Monrovia, Takoradi und Tema.

[3] Die Häfen sind: Conakry (Guinea), Abidjan (Elfenbeinküste), Tema (Ghana), Coutonou (Benin), Tin Can (Lagos).

[4] Die Häfen sind: Apapa Port (Lagos) und Monrovia (Liberia).

Auch im Bereich des Schienennetzes gibt es einige positive Entwicklungen. Viele der Schieneninvestitionen haben das Ziel, eine Verbindung von den Rohstofflagern zu den Häfen zu schaffen. Konkrete Beispiele sind zum einen der Ausbau der Bahnstrecke von Abidjan zur Magnesiummine in Tambao (Burkina Faso) (Hirsch 2013) und zum anderen eine Milliardeninvestition von Arcelor Mittal und Rio Tinto PLC, um das Eisenbahnnetz in Guinea, Sierra Leone und Liberia zum Transport von Eisenerz zu erneuern und teilweise neu zu errichten (Marais 2012). Auch China ist auf dem westafrikanischen Markt in den vergangenen Jahren mit Direktinvestitionen in Erscheinung getreten. So plant beispielsweise die „China Railway Construction Corporation" für 12 Mrd. USD eine 1400 km lange Küsten-Bahnstrecke durch das ölreiche Nigerdelta (Reuters 2014). Bei Investitionen ohne Rohstoffbezug schrecken Investoren vor dem Hintergrund befristeter Konzessionsverträge allerdings oft vor den nötigen Investitionen zurück und versuchen stattdessen mit minimalen Instandhaltungsausgaben größtmögliche Gewinne zu erwirtschaften. Um diesem drohenden weiteren Verfall der bestehenden Schieneninfrastruktur entgegenzuwirken, sind im PIDA-Plan erhebliche Summen für die Reparatur und den Ausbau des Schienennetzes geplant. Hierzu zählt z. B. der Ausbau der Abidjan–Ouagadougou–Niamey–Cotonou-Strecke, der mit Hilfe von EU-Fördergeldern finanziert wird (Nepad Business Foundation 2013, S. 27).

Im Rahmen der PIDA-Pläne werden 420 Mio. USD in eine Verbesserung des Service bestehender Flughäfen investiert, die den Luftfrachtsektor in Westafrika weiterentwickeln sollen (AfDB 2012, S. 19). Bei einem Blick auf die aktuellen Projekte wird deutlich, dass insbesondere die Länder Ghana (Accra, Ho, Bolgatanga, Cape Coast und Tamale), Senegal (Blaise Daigne), Benin (Tourou und Glodjigbé) und Nigeria (Abuja und Lagos) den Neu- und Ausbau von Flughäfen fördern und diese an internationale Standards anpassen möchten (KIL 2014). Die befragten Experten sehen die Engpässe bei der Luftfracht aktuell jedoch als nicht bedeutend an, was mit der geringen Nutzung dieses Verkehrsträgers sowie der insgesamt noch niedrigen Volumina im Handel mit Westafrika zusammenhängt (vgl. Kap. 9).

Positive Tendenzen finden auch bei den „weichen" Faktoren, wie bspw. der Errichtung gemeinsamer Grenzposten zur schnelleren Abfertigung bei Grenzübertritten, statt. Diese sogenannten Joint Border Posts (JBP) werden zurzeit an den Grenzen von Nigeria-Benin, Togo-Ghana und Benin-Niger errichtet. Weitere 68 Mio. USD werden für JBP mit der Elfenbeinküste, Guinea und Burkina Faso benötigt (Kamara 2014). Bei den nationalen Verzögerungen auf der Straße gibt es positive Entwicklungen. Die Anzahl der Kontrollen sowie die Häufigkeit von Schmiergeldzahlungen waren in den letzten Jahren rückläufig (UEMOA 2013b, S. 4), und die Bemühungen der einzelnen Länder in diese Richtung werden fortgesetzt. Dadurch verringern sich die Transportverzögerungen. Bei der Zollabfertigung in Nigeria wird z. B. versucht, die bürokratischen Prozesse durch Online-Registrierung der Dokumente zu beschleunigen und transparenter zu machen (vgl. Kap. 9).

Zusammenfassend lässt sich erkennen, dass sich die westafrikanischen Staaten der Relevanz einer funktionierenden physischen Verkehrsinfrastruktur und sonstiger Rahmenbedingungen der Logistik für den wirtschaftlichen Fortschritt der Region bewusst sind und versuchen, diese zu entwickeln. Die Experten aus den Interviews waren sich einig, dass es bis 2020 zu Verbesserungen vor allem auf den Verkehrskorridoren und in den Häfen kommen wird. Gleichzeitig bezweifeln sie eine vollständige Umsetzung aller angekündigten Projekte: „A lot of these projects are announced and then die a slow death and very few of them actually – when they are announced – kick-off and get done straight away. We certainly see there being a big slippage from being announced to finally being [completed]" (vgl. Kap. 9). Gründe dafür sind fehlende Fachkenntnisse im Bau sowie Korruption und Regierungswechsel. So bleibt, trotz einiger Verbesserungen in den Logistikrahmenbedingungen, die Distributionslogistik auf absehbare Zeit eine große Herausforderung für unternehmerische Aktivitäten in Westafrika.

Implikationen für die Distributionslogistik in Westafrika

6

Die Verkehrsinfrastruktur und Transportsituation Westafrikas beeinflusst die grundlegenden Prozesse und Kosten der Distributionslogistik und somit indirekt auch die akquisitorische Distribution. Im Folgenden wird zunächst der Zusammenhang zwischen den wichtigsten Kriterien für eine leistungsfähige Distribution und deren Einflussfaktoren dargestellt, bevor die Auswirkung der Logistiksituation in Westafrika auf die Distributionskriterien untersucht wird.

6.1 Rolle der Distributionslogistik – Erfolgskriterien und Einflussfaktoren

Grundsätzlich ist es die Aufgabe der Distributionslogistik, verkaufte Produkte vom Werk oder Lager zum Endkunden zu transportieren (Hudetz et al. 2009, S. 193). Sie baut im Grundsatz auf der traditionellen Charakterisierung der Logistik, den sogenannten 7-R-Aufgaben, auf:

- Die richtigen Objekte
- in der richtigen Menge
- zum richtigen Zeitpunkt
- in der richtigen Qualität
- zu den richtigen Kosten
- mit den richtigen Informationen
- am richtigen Ort

bereitzustellen (Krampe et al. 2012, S. 22).

Fasst man diese Aufgaben der Logistik zusammen, lassen sich folgende Hauptkriterien für eine leistungsfähige Distributionslogistik identifizieren:

- **Transportkosten** (einschließlich direkter und indirekter/versteckter Kosten)
- **Verfügbarkeit/Zuverlässigkeit** (Reduzierung der Ausfallwahrscheinlichkeit)
- **Transportdauer**
- **Flexibilität** (Reaktionszeit bei Unregelmäßigkeiten und Änderungswünschen)
- **Qualität** (Zustand der Ware beim Empfänger) (Krampe et al. 2012, S. 21)

Diese Erfolgskriterien werden von vielen Faktoren beeinflusst, die durch die geografischen, politischen und logistischen Rahmenbedingungen bestimmt sind. Abbildung 6.1 zeigt die Relevanz und den Zusammenhang der wichtigsten direkten Einflussfaktoren auf die einzelnen Hauptkriterien der Logistik.

Die Verkehrsinfrastruktur und ihre Qualität sind wesentliche Einflussfaktoren der Transportkosten. Sie beeinflussen zudem die Transportdauer und damit die Liefertreue und Flexibilität. Eine gute Verkehrsinfrastruktur verkürzt die Transportwege, wenn die Infrastrukturqualität gut ist sowie direkte Verbindungen zwischen den wichtigen Wirtschaftsregionen in Westafrika bestehen, also eine gute geografische Abdeckung durch die Verkehrsinfrastruktur gewährleistet ist. Ausmaß und Qualität der Verkehrsinfrastruktur verringern direkte Transportkosten durch Zeitgewinn sowie geringeren Verschleiß und geringere Instandhaltungskosten (Bougheas et al. 1999, S. 170).

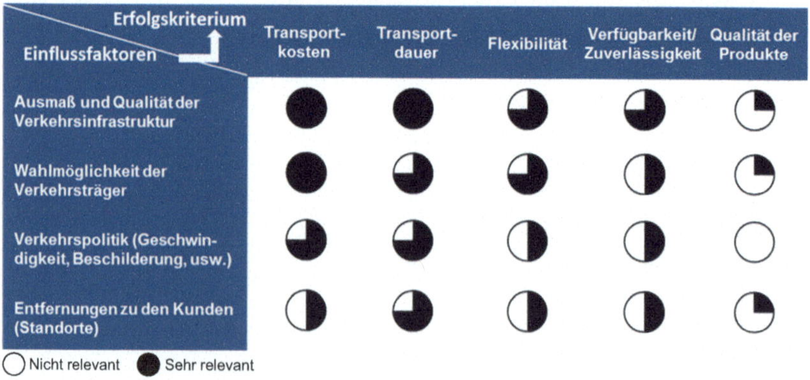

Abb. 6.1 Einflussfaktoren auf eine leistungsfähige Logistik. (Quelle: Eigene Darstellung in Anlehnung an Krampe et al. (2012, S. 395); eigene Einschätzung)

Die Distanz zu den Kunden in Kombination mit der Qualität und Abdeckung der Verkehrsinfrastruktur beeinflusst die Transportgeschwindigkeit maßgeblich (ökonomische Entfernung). Grundsätzlich gilt: Je größer die Distanz und je schlechter die Verkehrsinfrastruktur zwischen zwei Handelspartnern, desto höher die Transportkosten (Feige 2007, S. 28). Kommt es aufgrund der Infrastruktur zu einer verminderten Zuverlässigkeit der Logistik, ist das Unternehmen auf eine Distributionsstrategie angewiesen, die eine möglichst hohe Flexibilität gewährleistet, um Verzögerungen entgegenzuwirken. Dazu werden häufig (dezentrale) Lager aufgebaut, die Flexibilität und Verfügbarkeit den Kunden gegenüber gewährleisten sollen. Die Entscheidung für oder gegen den Aufbau eines Lagers hängt vom Verhältnis der direkten und indirekten Transportkosten (multipliziert mit dem Jahresvolumen) zu den Investitionen und laufenden Lagerhaltungskosten ab (Bruhn 2012, S. 274).

Die Wahlmöglichkeit zwischen Verkehrsträgern ist ein wichtiger Einflussfaktor bzgl. Transportkosten, Zuverlässigkeit, Transportdauer und Flexibilität. Generell lassen sich für jeden der Verkehrsträger spezifische Vor- und Nachteile identifizieren: So ist der Verkehrsträger Straße besonders vorteilhaft bei den Kriterien Flexibilität, geografische Erreichbarkeit sowie in geringem Maße bzgl. Transportgeschwindigkeit und Zuverlässigkeit. Hauptnachteil ist die beschränkte Massenfähigkeit des Verkehrsträgers Straße. Bis auf die geografische Erreichbarkeit hat der Verkehrsträger Luft ähnliche Vor- und Nachteile. Anders sieht es beim Verkehrsträger Schiff aus: Hier sind vor allem die relativ niedrigen Kosten, die Massenfähigkeit, die Transportsicherheit und ein gutes Maß an Zuverlässigkeit auf der Vorteilsseite; Nachteile gibt es bei der Transportdauer sowie der räumlichen und zeitlichen Flexibilität. Der Schienenverkehr weist grundsätzlich ähnliche Vor- und Nachteile auf wie der Schiffsverkehr. Geringe Flexibilität steht auch hier der hohen Massenleistungsfähigkeit gegenüber (Krampe 2012, S. 304).

Eine effiziente Verkehrspolitik beeinflusst die Transportdauer durch einen problemlosen Verkehrsfluss und eine bessere Anbindung der verschiedenen Verkehrssysteme positiv und wirkt so kostensenkend. So können adäquate Geschwindigkeitsregelungen für einen zügigen und dabei sicheren Transport sorgen, der auch durch entsprechend effiziente Kontrollen durchgesetzt wird. Nachgelagert in ihrem Einfluss auf die Distributionslogistik sind Nachfrageschwankungen der zu transportierenden Güter und die Art der transportierten Güter. Werden vorrangig Güter transportiert, die besondere Anforderungen an die Art des Transportes stellen (Kühlung, Übergewicht oder -breite), so hat dies eine direkte Auswirkung auf die Transportkosten. Gleiches gilt bei vorrangiger Belieferung in Branchen, die hohen Nachfrageschwankungen unterliegen und in denen die Flexibilität und die schnelle Verfügbarkeit eine große Rolle spielen. In diesen Fällen wird sowohl bei den Endkunden als auch bei den Distributoren häufig mit erhöhten Lagerbeständen gearbeitet, was höhere Distributionslogistikkosten, aber mehr Flexibilität und höhere Warenverfügbarkeit bedeutet (Göpfert 2012, S. 3 ff.).

6.2 Situation in Westafrika und leistungsfähige Distributionslogistik

Dieses Kapitel wendet die im vorherigen Abschnitt dargestellten Zusammenhänge zwischen den Einfluss- und Erfolgsfaktoren der Distributionslogistik auf die Region Westafrika an. Es zeigt, mit welchen Herausforderungen westliche Unternehmen, die westafrikanische Märkte bearbeiten möchten, in der Distribution konfrontiert sind. Die hohe Komplexität beim Aufbau eines Distributionssystems wird durch die Logistiksituation in Westafrika zusätzlich erhöht.

Um einen Überblick über die Herausforderungen der Distributionslogistik in Westafrika zu erhalten, bietet sich zunächst ein Blick auf den Logistics Performance Index (LPI) der Weltbank an (vgl. Tab. 6.1[1]).

Das LPI-Ranking stuft alle westafrikanischen Länder als „Partial Performers" ein, d. h., es gibt Bereiche in der Logistik, die nach internationalem Logistikstandard hinreichend akzeptabel sind, z. B. das Thema Pünktlichkeit. So gelingt es einigen Ländern sogar, trotz der schwierigen Rahmenbedingungen im Transportumfeld, Lieferungen relativ zuverlässig im vereinbarten Zeitfenster zu liefern (bei einem LPI-Wert ab 3,0 wird ein Land als „Consistent Performer" definiert) (World Bank 2015a). Allen Ländern ist das schlechte Abschneiden in der Kategorie Zoll gemein, was sich mit den Ergebnissen der Experteninterviews deckt (vgl. Kap. 9). Insgesamt zeigt der Index aber deutlich, dass Distributionslogistik in Westafrika eine große Herausforderung darstellt.

---

[1] Das Abschneiden eines Landes im LPI ist von sechs Komponenten abhängig.
- Zollabfertigung: Effizienz der Grenzkontrollen(-behörden), Schnelligkeit, Service, Transparenz der Kontrollen
- Infrastruktur: Qualität der Handels- und Transportinfrastruktur (inkl. Informationsinfrastruktur)
- Internationaler Seeverkehr: Einfachheit, wettbewerbsfähige Schiffslieferungen durchzuführen
- Logistikkompetenz: Qualität des Logistikservice (bspw. Zollbroker oder Transportdienstleister)
- Tracking & Tracing: Möglichkeit der Warennachverfolgung
- Pünktlichkeit: Vorhersehbarkeit und Liefertreue von Transporten

Die Skala der Bewertung reicht von 0 (Minimum) bis 5 (Maximum).

6.2 Situation in Westafrika und leistungsfähige Distributionslogistik

Tab. 6.1 LPI westafrikanischer Länder im Vergleich zu Deutschland 2014. (Quelle: World Bank (2015a))

Land	Jahr	LPI Ranking	LPI Score	Zoll	Infrastruktur	Internationaler Seeverkehr	Logistik-kompetenz	Tracking & Tracing	Pünktlichkeit
Nigeria	2014	75	2,81	2,35	2,56	2,63	2,7	3,16	3,46
	2007	93	2,40	2,23	2,23	2,49	2,38	2,36	2,69
Elfenbeinküste	2014	79	2,76	2,33	2,41	2,87	2,62	2,97	3,31
	2007	102	2,36	2,22	2,22	2,13	2,38	2	3,25
Burkina Faso	2014	98	2,64	2,5	2,35	2,63	2,63	2,49	3,21
	2007	121	2,24	2,13	1,89	2,67	2,33	2,13	2,25
Ghana	2014	100	2,63	2,22	2,67	2,73	2,37	2,9	2,86
	2007	125	2,16	2	2,25	2,25	1,75	2,25	2,5
Senegal	2014	101	2,62	2,61	2,3	3,03	2,53	2,65	2,53
	2007	101	2,37	2,38	2,09	2,09	2,73	2,3	2,63
Liberia	2014	102	2,62	2,57	2,57	2,57	2,86	2,57	2,57
	2007	105	2,31	2,4	2,14	2,83	2	2	2,43
Benin	2014	109	2,56	2,64	2,35	2,69	2,35	2,45	2,85
	2007	89	2,45	1,8	1,89	2,78	2,56	2,89	2,78
Mali	2014	119	2,5	2,08	2,2	2,8	2,2	2,7	2,9
	2007	109	2,29	2,17	1,9	2,23	2,21	2,38	2,88
Guinea	2014	122	2,46	2,34	2,1	2,47	2,35	2,41	3,1
	2007	62	2,71	2,5	2,33	2,5	2,67	2,83	3,5
Guinea-Bissau	2014	127	2,43	2,43	2,29	2,29	2,57	2,29	2,71
	2007	116	2,28	2,14	2,25	2,22	2	2,22	2,86

Tab. 6.1 (Fortsetzung)

Land	Jahr	LPI Ranking	LPI Score	Zoll	Infrastruktur	Internationaler Seeverkehr	Logistik-kompetenz	Tracking & Tracing	Pünktlichkeit
Niger	2014	130	2,39	2,49	2,08	2,38	2,28	2,36	2,76
	2007	143	1,97	1,67	1,4	1,8	2	2	3
Togo	2014	139	2,32	2,09	2,07	2,47	2,14	2,49	2,6
	2007	119	2,25	2,1	2,25	2,4	2,4	2,2	2,11
Gambia	2014	146	2,25	2,06	2	2,67	2,22	2	2,46
	2007	77	2,52	2,25	2,33	2,67	3	2,33	2,5

Deutschland	2014	1	4,12	4,1	4,32	3,74	4,12	4,17	4,36
	2007	3	4,1	3,88	4,19	3,91	4,21	4,12	4,33

6.2 Situation in Westafrika und leistungsfähige Distributionslogistik

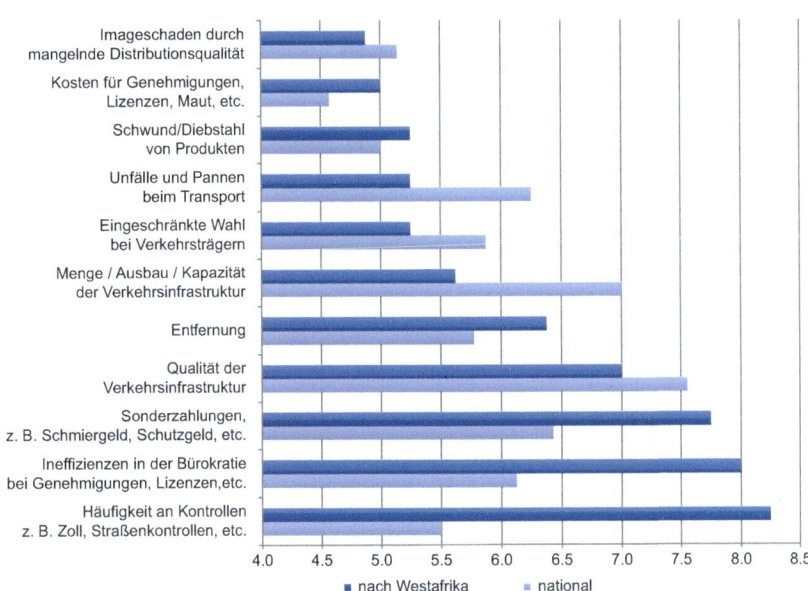

Abb. 6.2 Herausforderungen in der Distributionslogistik (10 = große Herausforderung). (Quelle: Expertenumfrage im Rahmen der Experteninterviews, vgl. Kap. 9)

In einer nicht repräsentativen Befragung der Experten wurde gefragt, wie die Ausprägung der Herausforderungen in der Distributionslogistik nach Westafrika[2] und innerhalb der Länder eingeschätzt wird (vgl. Abb. 6.2).

Die Ergebnisse aus dem Logistics Performance Index und aus der Befragung der Experten zeigen beide, dass die in den vorangegangenen Kapiteln im Detail dargestellten Logistikbedingungen in Westafrika von den Unternehmen beim Aufbau einer leistungsfähigen Distributionslogistik berücksichtigt werden müssen. Laut den Experten führt die Logistiksituation in Westafrika, vor allem durch die Situation an den Häfen und bei der Zollabfertigung, insbesondere beim Transport „nach Westafrika" zu negativen Effekten.

Aus der gleichen nicht repräsentativen Befragung der Experten ergibt sich die in Abb. 6.3 dargestellte durchschnittliche Einschätzung der Experten bzgl. der negativen Auswirkungen der Logistiksituation in Westafrika auf die fünf Erfolgskriterien der Logistik.

---

[2] Die Distributionslogistik „nach Westafrika" beinhaltet die Hafen- und Zollabfertigung.

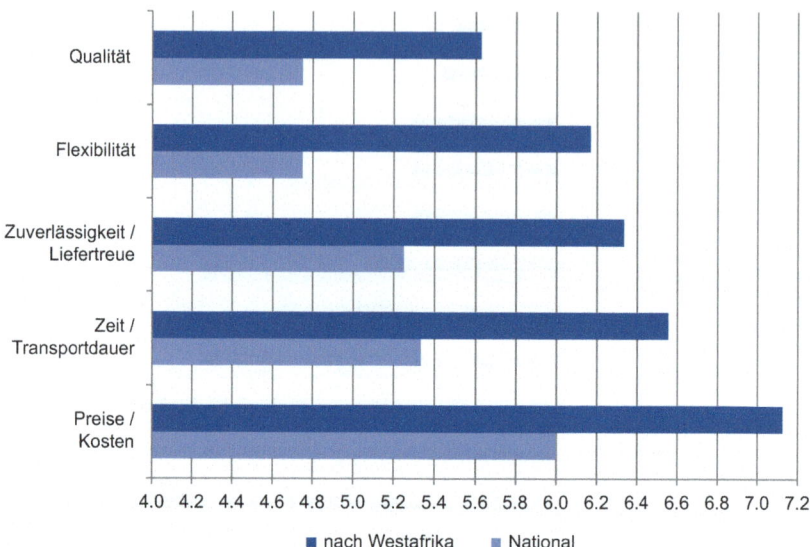

Abb. 6.3 Auswirkung der Situation in Westafrika auf die Logistikkriterien (10 = hohe negative Auswirkung). (Quelle: Expertenumfrage im Rahmen der Experteninterviews, vgl. Kap. 9)

Im Ergebnis lässt sich erkennen, dass die Hindernisse bedingt durch die Logistiksituation *nach* Westafrika als deutlich gravierender eingeschätzt werden als beim nationalen Transport. Die Implikationen der Logistiksituation in Westafrika auf die einzelnen Kriterien einer leistungsfähigen Distributionslogistik werden im Folgenden einzeln analysiert.

6.2.1 Kosten der Distributionslogistik

Die direkten Kosten der Distributionslogistik in Westafrika setzen sich aus drei Aspekten zusammen:

1. Transport von Europa nach Westafrika, i. d. R. per Schiff
2. Entladen, Zollabfertigung und Lagerung
3. Nationaler Transport zum Endkunden

Darüber hinaus gibt es diverse versteckte, indirekte Kosten (z. B. Schmiergelder, Gebühren, Kosten aus Verzögerungen etc.), die nicht unerheblich sind.

6.2 Situation in Westafrika und leistungsfähige Distributionslogistik

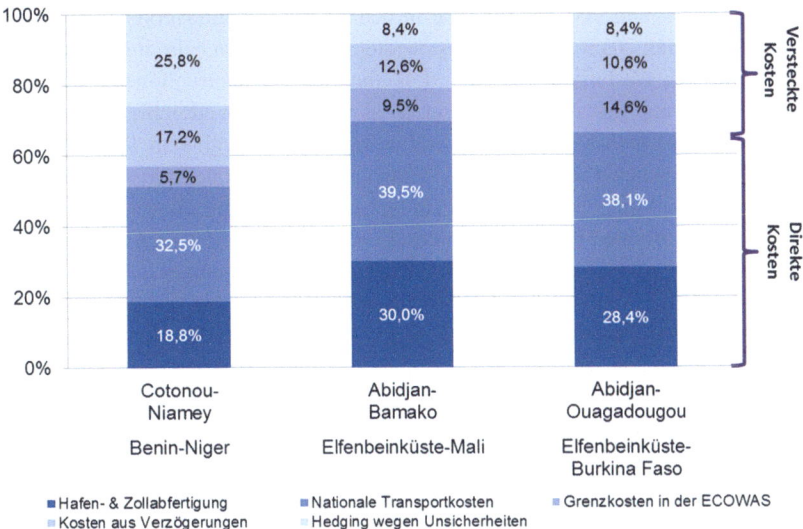

Abb. 6.4 Direkte und versteckte Kosten beim Transport von Containern. (Quelle: Nathan Associates Inc. (2013, S. 136–137); eigene Darstellung)

Abbildung 6.4 zeigt für Containertransporte (mit Haushaltsgeräten) auf drei Strecken die Aufteilung von direkten Kosten, die unmittelbar beim Transport anfallen, und versteckten Kosten, also Kosten, die nicht direkt und ursächlich mit dem Transport nach internationalem Standard zu tun haben. Dabei ist die Trennung oft nicht ganz eindeutig, da z. B. bei der Zollabfertigung in Westafrika neben Zöllen, Gebühren und Steuern auch, durch Verzögerungen bedingt, zusätzliche Lagerkosten, also versteckte Kosten, anfallen.

Es ist zu sehen, dass die versteckten Kosten fast die Hälfte der Transportkosten ausmachen können. Das „Hedging wegen Unsicherheiten" bezieht sich auf Kostenaufschläge, die Unternehmen an Kunden weitergeben oder Transportunternehmen für die Unsicherheiten, wie z. B. die tatsächliche Transportdauer oder auch die Höhe von Schmiergeldzahlungen, in der Logistikkette verlangen.

Die Transportkosten nach Westafrika sind zwischen 1,5 und zwei Mal höher als bei vergleichbaren Strecken von Europa nach Asien oder Nordamerika. Dies liegt zum einen an den niedrigeren Schiffskapazitäten, die nach Westafrika fahren, sowie zum anderen an den vielen Leerfahrten zurück nach Europa („unpaariger Verkehr"). Das ist auch an den niedrigen Werten westafrikanischer Länder im „Line Shipping Connectivity Index" erkennbar, der die Einbindung von Seehäfen der Länder in den internationalen Schiffsverkehr misst. Im Jahr 2014 waren nur vier Länder in Westafrika (Benin, Nigeria, Ghana, Elfenbeinküste) mit Indexwerten von 17 bis 23 (von 100) ansatzweise in den globalen Schiffsverkehr eingebunden (World Bank 2015b). Weitere kostenerhöhende Faktoren beim internationalen Transport nach Westafrika sind die i. d. R. niedrige Transportvolumen der Unternehmen aufgrund des niedrigen Absatzes in Westafrika, wodurch Container oft nicht voll beladen sind, aber voll bezahlt werden müssen (vgl. Kap. 9). Ähnliches gilt beim nationalen Transport von Kleinmengen durch lokale Logistikdienstleister, da es einen Mangel an inländischem Sammelverkehr gibt. Besonders hoch ist der Kostenunterschied im internationalen Vergleich ab dem Zeitpunkt, zu dem die Produkte „cif"[3] im Hafen in Westafrika ankommen. Dort kommt es in vielen Häfen zu langen Wartezeiten der Schiffe von ein bis vier Tagen, bis mit dem Entladen begonnen werden kann (vgl. Tab. 3.1; Kap. 9). Das ist das Resultat zu geringer Hafenkapazitäten an den Anlegestellen und des veralteten Entladegeräts. Ein Tag auf Reede eines 2200 TEU[4]-Frachters kostet eine Schifffahrtsgesellschaft etwa 35.000 USD; was pro TEU und Tag 16 USD entspricht.[5] Solche nennenswerten Zusatzkosten werden von der Reederei in die Frachtkosten eingepreist (Gwilliam 2011, S. 195). Durch die vielerorts veraltete und wenig automatisierte Entladetechnik hat Westafrika die höchsten Kosten für den Containerumschlag[6] in Afrika. Sie können über 300 USD pro Container betragen und sind damit mehr als doppelt so hoch wie in Industrieländern (vgl. Gwilliam 2011, S. 216 ff.). Die Zusatzkosten, die durch Verzögerungen entstehen, können nicht exakt berechnet werden (Beuran et al. 2012, S. 69), aber es ist klar, dass sie einen deutlichen Einfluss auf die Höhe der Distributionslogistikkosten haben.

Weitere Kosten entstehen durch den i. d. R. ineffizienten Zollabfertigungsprozess, der zu langen Lagerdauern der Waren im Hafen führt. Die Lagerung ist i. d. R. eine bestimmte Zeit, je nach Hafen zwischen drei und sieben Tagen, kostenfrei. Danach liegen die Kosten z. B. in Ghana zwischen 6 und 11 USD und in Nigeria zwischen 5 und 30 USD pro Tag/TEU (Kap. 9). Im Rahmen der Experteninterviews besagten die Aussagen, dass es bis zur finalen Zollabfertigung bis zu vier Wochen dauern kann, sodass nennenswerte Zusatzkosten entstehen. Berechnet man für Nigeria den unteren Wert, d. h. sieben Tage freie Lagerung, Zollabfertigung in 14 Tagen und Lagerkosten von 5 USD, so kommt man auf Zusatzkosten

---

[3] „cif" = cost, insurance, freight: Frachtkosten und Versicherung bis zum Zielhafen (Altmann 2015).

[4] TEU = twenty foot equivalent unit: Volumen, das einem 20-Fuß-Container entspricht (Krieger 2015).

[5] Dies ist ein Beispiel für die Kosten aus Hedging wegen Unsicherheiten (vgl. Abb. 6.4).

[6] Der Containerumschlag beinhaltet lediglich den Transport vom Schiff bis zum Ausgang des Hafens. Zusätzliche Kosten für mögliche Zwischenlagerung oder Scannen der Fracht sind nicht enthalten (Gwilliam 2011, S. 216 ff.).

von 35 USD pro TEU. Der obere Wert (drei Tage freie Lagerung, 30 Tage Zollabfertigung, 30 USD pro Tag) läge bei ca. 800 USD Zusatzkosten (eigene Berechnung). Je nach Land und Hafen kommen noch spezielle Steuern hinzu sowie Gebühren für die benötigten Dokumente. Einige Beispiele für solche Sondersteuern sind die „Peak Season Charges", die „Congestion Charges" und die „Port Condition Charges". Laut Aussage der Experten sind diese jeweils für sich genommen nicht übermäßig hoch, summieren sich aber zu nicht unerheblichen Summen auf. So können alle Sondersteuern und Gebühren zusammen die Transportkosten um bis zu 10 % erhöhen (vgl. Kap. 9).

Der nationale Transport wird, trotz widriger Umstände, als nachgelagerter Kostentreiber gesehen. Aufgrund der relativ niedrigen Lohnkosten sind die längeren Fahrtzeiten, die durch schlechte Straßenzustände entstehen, nur am Rande kostenrelevant. Eher sind die in einigen Ländern existierenden konzentrierten Marktstrukturen und Preisabsprachen in der Logistikindustrie ein Kostentreiber für die Unternehmen (vgl. Kap. 4). Aufgrund des höheren Transportrisikos, der höheren Instandhaltungskosten sowie einem häufigen Mangel an zuverlässigen Logistikpartnern vor Ort sind die Preise der Logistikdienstleister hoch und intransparent.

Die unternehmerische Herausforderung, die Kosten der Distribution möglichst gering zu halten, ist wohl die schwierigste, da ein gutes Abschneiden bei den anderen Erfolgsfaktoren (Zeit, Verfügbarkeit, Zuverlässigkeit und Qualität) in der Regel nur durch höhere Kosten erzielt werden kann. Die vorherigen Abschnitte machen deutlich, dass lange und unvorhersehbare nationale Transportdauern, Wartezeiten in den Häfen und die Zollabfertigung zu den wichtigsten Kostentreibern zählen (Gudehus 2010, S. 144 f.). Die Interviewpartner weisen alle darauf hin, dass die hohen Logistikkosten in Westafrika i. d. R. an die Endkunden weitergegeben werden können, da diese einerseits um die Situation vor Ort wissen und andererseits keine Alternativen haben, weil die Rahmenbedingungen wenig Spielraum für preiswerte Konzepte lassen.

6.2.2 Transportdauer und -geschwindigkeit in der Distributionslogistik

Durch die schlechte Transportinfrastruktur und sonstige Verzögerungen auf der Straße kommt es zu langen Transportdauern. Die effektive durchschnittliche Transportgeschwindigkeit ist niedrig: Je nach Land und je nach Strecke außerhalb von Städten beträgt sie zwischen 15 und 25 km/h (eigene Auswertung von Cargorouter. Com o. J.). In urbanen Regionen wird die Geschwindigkeit durch Staus erheblich auf 5–10 km/h reduziert (vgl. Kap. 9). Insgesamt fasst Foster das Thema Transportgeschwindigkeit treffend zusammen: „[…] freight movements are astonishingly slow when all delays are fully taken into account; with an effective velocity of 6–12 kilometers per hour, not much faster than a horse and buggy." (2011, S. 17). Klimatische Bedingungen können erschwerend hinzukommen, teilweise so weit, dass ein Transport bei nicht asphaltierten Straßen in der Regenzeit gar nicht mehr möglich ist. In Europa rechnet man mit einer Lkw-Durchschnittsgeschwindigkeit von ca. 60 km/h, also bis zu vier Mal so schnell.

Eine andere wesentliche Quelle für Verzögerungen und niedrige Durchschnittsgeschwindigkeiten sind die häufigen Kontrollen auf vielen Strecken: Die durchschnittlich daraus resultierende Verspätung liegt je nach Land und Strecke zwischen acht und 34 min je 100 km. Abbildung 6.5 zeigt für ausgewählte Strecken die durchschnittliche Häufigkeit der Kontrollen auf 100 km sowie wer diese durchführt, die Höhe des durchschnittlichen Zeitverlusts pro Kontrolle in Minuten und die Veränderung der Anzahl der Kontrollen zum Vorjahr. Die Säulen auf der rechten Seite zeigen für die gleichen Strecken die Höhe der Schmiergelder auf 100 km, wer sie verlangt und wie sie sich im Vergleich zum Vorjahr verändert haben.

Aus Abb. 6.5 ist ersichtlich, dass die Zeitverluste durch Kontrollen sowie die Höhe von Schmiergeldern streckenabhängig sind: Auf der Strecke Tema (Ghana) – Ouagadougou (Burkina Faso) (1057 km Strecke) beträgt die Gesamtverzögerung durch Kontrollen 174 min, bei ca. 13 Kontrollen[7] und einer Schmiergeldzahlung (also versteckte Kosten) von über 100 USD; auf der Strecke Ouagadougou (Burkina Faso) – Lomé (Togo) (1020 km Strecke) beträgt die Gesamtverzögerung durch Kontrollen „nur" 91 min, bei 11 Kontrollen und einer Schmiergeldzahlung von ca. 20 USD. Diese Beispiele zeigen, dass man sowohl bei der zeitlichen Planung als auch bei der Kostenkalkulation hohe Risiken hat, zumal die Verzögerungen und Schmiergeldzahlungen auf den Strecken sich regelmäßig ändern. Hinzu kommt, dass die Dauer bei Grenzübertritten zwischen westafrikanischen Ländern je nach Grenzübergang sehr unterschiedlich ist (UEMOA 2013a, S. 14 ff.). Zeitverzögerungen ergeben sich auch aufgrund einer unzureichenden Verkehrspolitik in den westafrikanischen Ländern. Mangelhafte Straßenkennzeichnung und -beschilderung erhöhen die Unfallrisiken (Fronja 1997, S. 38) genauso wie die geringe Durchsetzung von Verkehrsregeln, wie z. B. Geschwindigkeitsbegrenzungen (für Westafrika 3,3 von 10 Punkten) oder die nationalen Alkohol-am-Steuer-Regelungen (im Durchschnitt 3 von 10 Punkten) (WHO 2013: Länderblätter).

---

[7] Die Werte auf dieser Strecke passen nicht ganz zusammen! Addiert man die einzelnen Kontrollen nach Gruppe der Kontrolleure, kommt man auf fast 32 Kontrollen, was aber wiederum nicht zu den 174 Gesamtkontrollen und den 1,2 Kontrollen auf 100 km passt. Daher sind die Werte auf der Tema–Ouagadougou-Strecke mit Vorsicht zu genießen, zeigen aber so oder so, dass mit häufigen Kontrollen und hohem Zeitverlust zu rechnen ist.

6.2 Situation in Westafrika und leistungsfähige Distributionslogistik

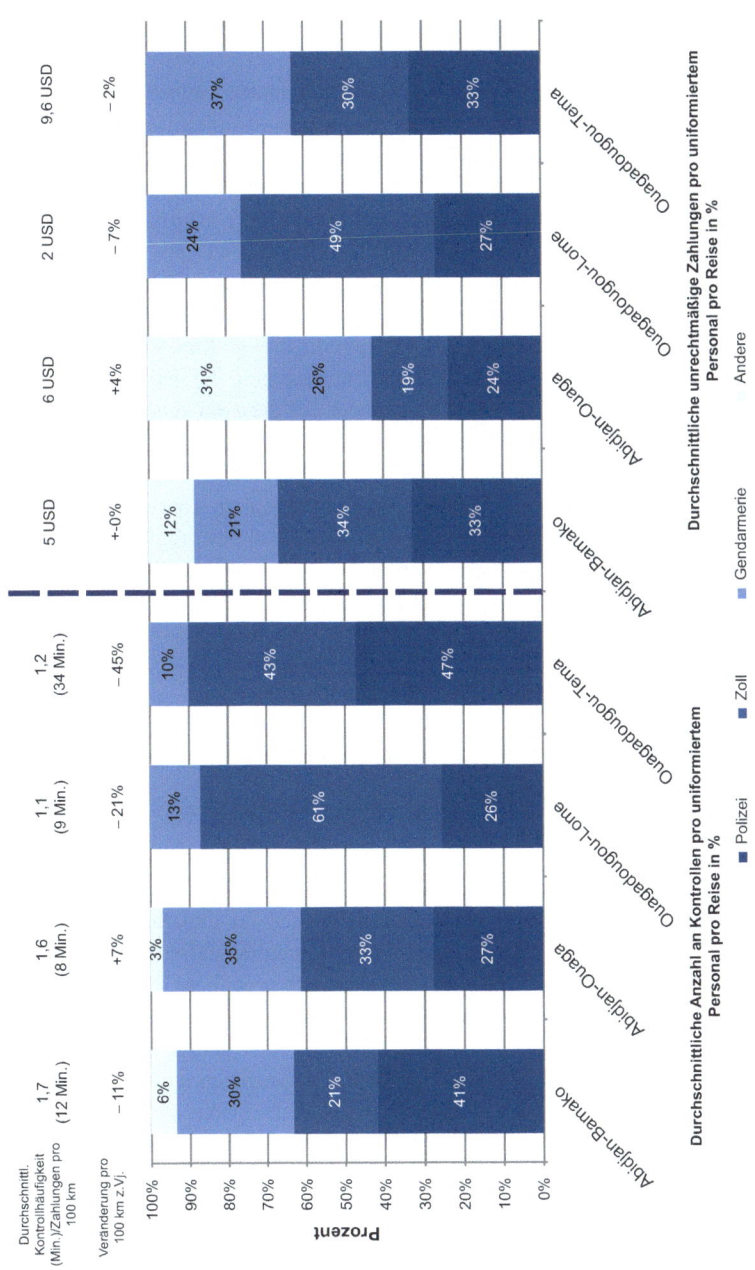

Abb. 6.5 Verzögerungen und Zusatzkosten durch Kontrollen je 100 km (2. Quartal 2013). (Quelle: Eigene Darstellung in Anlehnung an UEMOA (2013a, S. 14))

Außerdem verzögern die häufigen Kontrollen, Fahrverbote, Staus oder gesperrte Straßen in Westafrika die Transporte deutlich (OECD 2002, S. 34).

Über die Verzögerungen, die sich beim internationalen Grenzübertritt in ein westafrikanisches Land im Hafen vor allem durch Kapazitätsengpässe und bei der Zollabfertigung ergeben, wurde oben schon gesprochen. Die Verzögerungen können aber auch schon auf dem Weg nach Westafrika entstehen, wenn das Schiff vorher weitere Häfen anfährt, weil die Reedereien nur so ihre Schiffskapazität nach Westafrika auslasten können. Da es in fast allen Häfen zu Rückstaus beim Anlegen und Löschen der Ladung kommt, kann sich die Ankunft eines Schiffes im Zielhafen um mehrere Tage verzögern, was wiederum die Wartezeiten dort durch den Verlust der ursprünglichen Entladezeit verlängern kann (vgl. Kap. 9).

Auf die Transportdauer bezogen müssen Unternehmen, die den westafrikanischen Markt bearbeiten möchten, ihr Augenmerk auf die zwei zeitaufwendigsten Prozesse der Distributionslogistikkette legen: die Abfertigung und Verweildauer im Hafen, sofern die Güter über den Seeweg in das Land gelangen, sowie die langen, häufig kaum vorhersehbaren Verzögerungen durch Kontrollen auf den Strecken oder bei Grenzübergängen, die beim nationalen bzw. regionalen Transport mit Lkws auftreten. Diese Aspekte erhöhen nicht nur die Transportdauer, sie reduzieren auch die Planbarkeit der Distributionslogistik, was eine niedrige Leistungsfähigkeit der Logistik bei den Kriterien Verfügbarkeit, Zuverlässigkeit und Flexibilität zur Konsequenz hat.

6.2.3 Verfügbarkeit, Zuverlässigkeit und Flexibilität der Distributionslogistik

Verfügbarkeit, Zuverlässigkeit und Flexibilität sind in starkem Maße von einer planbaren Transportdauer abhängig, sodass sie von vielen der gerade genannten Herausforderungen erheblich eingeschränkt werden. Zwei Experten aus Logistikunternehmen bezifferten die Lieferzuverlässigkeit in Westafrika auf ca. 80 % (im Vergleich zu Deutschland mit 97 %). Die mangelnde zeitliche Planbarkeit der Transporte stellt für Kunden ein wesentlich ernsteres Problem dar als hohe Logistikkosten. Die meisten Experten waren sich einig, dass eine garantierte Verfügbarkeit der Produkte einen Wettbewerbsvorteil von Unternehmen und Distributoren darstellt (vgl. Kap. 9). Aufgrund der zeitlichen Unsicherheiten kann Liefertreue und damit Warenverfügbarkeit nur garantiert werden, wenn ausreichend zeitlicher Puffer eingeplant wird. Sind Verzögerungsquellen im Vorfeld bekannt, können sie in der Planung der Transportdauer und den Kosten berücksichtigt werden. Diese Transparenz zu erhöhen, ist eines der Ziele der „Borderless Alliance"-Initiative in Westafrika (vgl. Box in Kap. 3.2).

Die Verkehrsinfrastruktursituation in Zusammenhang mit Liefertreue wirft generell die Frage der (Zwischen-)Lagerung auf: Um den Endkunden Liefertreue, -zuverlässigkeit und -flexibilität zu garantieren und für den Fall, dass die importierte Ware zügig abgefertigt wird und der Endkunde diese Ware aufgrund eigener Lagerkapazitätsengpässe oder fehlenden Lagerraums nicht direkt annehmen kann, muss eine Zwischenlagerung möglich sein. So eine Lagerung kann entweder beim Distributor stattfinden oder, wenn der Endkunde die Logistik ab Hafen übernimmt, beim Endkunden selbst. In jedem Fall führt die Planungsunsicherheit zu zusätzlichen Logistikkosten in Form von Lagerhaltung. Eine Konsequenz der nur schwer zu garantierenden Flexibilität und Zuverlässigkeit für die Unternehmenskunden ist, dass eine „just-in-time"-Belieferung in Westafrika aktuell so gut wie ausgeschlossen ist.

6.2.4 Qualität der Distributionslogistik

Insgesamt haben die Experten die Beeinträchtigung der Warenqualität durch die Distributionslogistik in Westafrika als nicht problematisch eingeschätzt, da die Verpackung der Produkte aus Europa hochwertig ist. Die schlechte Verkehrsinfrastruktur oder auch die fehlerhafte Handhabung in der Logistik führen eher selten zu Qualitätsproblemen. Ein Problem, das im weiteren Sinne die Qualität der Produkte durch die Logistik beeinflusst, ist der Mangel an Sondertransportkapazitäten, wie z. B. funktionsfähige Kühltransporte oder Transporte für Gefahrgut. Dies ist insbesondere vor dem Hintergrund langer Transport- und Wartezeiten oft kritisch. Eine unzuverlässige Planung der Transportdauer kann u. U. die Qualität von transportierten Gütern verschlechtern, wie z. B. bei verderblichen Gütern, bei denen eine verspätete Lieferung zusätzliche Kosten durch Warenausschuss verursacht (Feige 2007, S. 78).

Die größte Gefahr für die Warenqualität beim Transport sind die hohen Unfallrisiken bei Lkw-Transporten in Westafrika, die durch die Straßenqualität, Alkoholkonsum der Fahrer, Geschwindigkeitsüberschreitungen sowie ein hohes Alter bei schlechter Wartung der Fahrzeuge bedingt sind (WHO 2013: Länderprofile). Die Mehrzahl der Regierungen versucht seit der African Road Safety Conference 2007, diese Quellen des erhöhten Unfallrisikos aktiv zu reduzieren (Briceño-Garmendia et al. 2010, S. 226). Des Weiteren kann es vorkommen, dass es durch regionale Sicherheitsprobleme zu Überfällen kommt, wobei Lkws ausgeraubt oder zerstört werden. Die Gefahr für Überfälle steigt insbesondere für die Transporte von Lebensmitteln, Konsumgütern oder anderen Gütern, die sofort in Geld umgesetzt werden können. In manchen Ländern gibt es Verkehrsabschnitte, die nicht unter staatlicher Kontrolle stehen, bspw. in Nigeria, wo die Boko-Haram-Gruppe den Norden des Landes terrorisiert. Zudem führt Großstadtkriminalität, auch in Lägern, zur Einschränkung der Sicherheit und zu Diebstählen. Die Experten sehen vereinzelt Probleme bei der Qualität, stufen diese aber als eine sekundäre Herausforderung ein (vgl. Kap. 9).

Es wird klar, dass die Voraussetzungen für eine leistungsfähige Distributionslogistik, wie in Kap. 6.1 dargestellt, in Westafrika nicht erfüllt sind. Die meisten direkten Einflussfaktoren auf die Distributionslogistik, die eine hohe Relevanz haben, sind in Westafrika unzulänglich vorhanden. Deshalb ergibt sich die Frage, welche Möglichkeiten Unternehmen für den Umgang mit diesen Gegebenheiten haben.

Umgang mit der Distributionslogistiksituation in Westafrika

7

Nachdem gezeigt wurde, dass die Logistiksituation in Westafrika Auswirkungen auf alle Erfolgskriterien der Distributionslogistik hat und dementsprechend die Unternehmen vor Herausforderungen stellt, gilt es jetzt mögliche Maßnahmen zum Umgang mit dieser Situation vorzustellen. Dabei wird stark auf die Erkenntnisse aus den Experteninterviews zurückgegriffen (vgl. Kap. 9).[1] Die Logik dieses Abschnitts folgt den wichtigsten Distributionslogistik-Kriterien aus den vorangegangenen Kapiteln.

Die Unternehmen sehen eine zuverlässige und ausreichende Warenverfügbarkeit, die den Absatz und die Kundentreue determiniert, als wichtiger an, als möglichst niedrige Logistikkosten in Westafrika zu erzielen. Demnach sind Unternehmen bereit, höhere Distributionskosten zu tragen.[2] Somit müssen Lösungsansätze gefunden werden, die vor allem die Verzögerungen reduzieren und die Lieferzeiten zuverlässiger machen. Dennoch bleiben auch Maßnahmen zur Senkung der hohen Transportkosten ein Thema, zumal sie ein Gewinnhebel für die beliefernden Unternehmen bzw. die Distributoren sind. Ein Beispiel für einen „Out-of-the-Box Weg" in der Distribution sind die Micro-Distribution Centers von Coca Cola (vgl. Box).

Coca Cola – Ein innovatives Distributionskonzept für Afrika[3]
The Coca-Cola Company (TCCC) ist weltweit der größte Anbieter von Erfrischungsgetränken und in über 200 Ländern tätig. Seit Beginn des 20.

---

[1] Die Hauptquelle in diesem Kapitel sind die Experteninterviews, soweit nicht anders angegeben.
[2] Die Preissensibilität bei Logistikkosten hängt von der Art der Güter ab – Volumengüter sind eher preissensibel, während hochwertige (Zwischen-)Produkte eine eher niedrige Preissensibilität bei den Logistikkosten haben.
[3] Diese Fallstudie hat Sophia Braun recherchiert und geschrieben.

Jahrhunderts geht TCCC Joint-Venture- oder Franchise-Vereinbarungen mit Abfüllpartnern ein. Die Partner erhalten Konzentrate, Getränkegrundstoffe und Sirup von TCCC und sind verpflichtet, eine Distributions- und Vertriebsinfrastruktur aufzubauen und die Produkte an die Endkunden zu verkaufen (Yadav et al. 2013, S. 52). Inzwischen arbeitet TCCC mit weltweit beinahe 250 solcher Abfüllpartner zusammen (The Coca-Cola Company 2014, S. 5). Das Distributionssystem von TCCC schafft es, große Unterschiede hinsichtlich der Straßeninfrastruktur, des Einzelhandelsmarktes, der Kostenstruktur und der Kundenbedürfnisse zu überwinden – Coca Cola gibt es nahezu überall.

In den am weitesten entwickelten Regionen Afrikas beliefern die Abfüllpartner große Einzelhändler wie Supermärkte direkt mit Lastwagen. In ländlichen Gegenden werden die Produkte von TCCC jedoch vorrangig in kleinen Bars und Kiosken verkauft, die mit Lastwagen schwierig zu erreichen sind und typischerweise kleine Volumen und eine hohe Lieferfrequenz benötigen. Hier kommen die „Micro-Distribution Centers" (MDCs) ins Spiel: Sie bekommen ihren Bestand von den Abfüllpartnern in der Regel per Lkw geliefert und nehmen die ganze Ladung ab, die Lkws werden dabei manuell entladen (Berry 2010). Die MDCs sind dann für die Distribution an etwa 150 Verkaufsstellen verantwortlich. Die Verkaufsstellen werden manuell von den durchschnittlich 6,9 Angestellten der MDCs mit Fahrrädern, Booten und Schubkarren beliefert (Nelson et al. 2009, S. 12 ff.). Die beiden Lieferketten – für den Absatz in urbanen und ländlichen Regionen – werden in der folgenden Abb. 7.1 gezeigt:

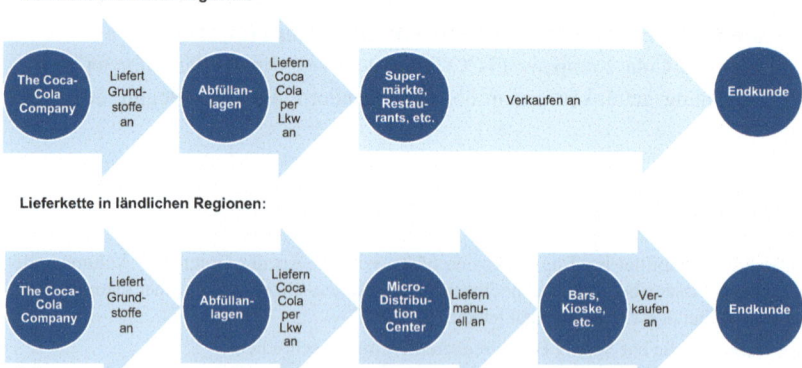

Abb. 7.1 Lieferketten der TCCC im urbanen und ländlichen Afrika. (Quelle: Eigene Darstellung)

> MDCs sind oftmals halboffene Hütten oder rot angestrichene Container, in und vor denen Coca-Cola-Kästen gestapelt lagern (Berry 2010). Es sind die Abfüllpartner, die die selbstständigen lokalen Unternehmer der MDCs rekrutieren, beim Aufbau der MDCs unterstützen und die Unternehmer weiterbilden (Business Call To Action 2010, S. 1 f.). Für viele der MDC-Eigentümer sind die Einnahmen die einzige Einkommensquelle, sodass sie sich mit ihrem Geschäft identifizieren. Dies gilt bspw. in Äthiopien für 80%, in Tansania für 20% der MDC-Eigentümer. Die Mehrheit der MDC-Unternehmer gibt an, mehr als vorher zu verdienen (Nelson et al. 2009, S. 17 f.).
>
> Das MDC-Modell, das 1999 in Äthiopien pilotierte, ist mittlerweile die zentrale Distributionsmethode von TCCC in vielen Entwicklungs- und Schwellenländern und hat in diesen Ländern zu Umsatz- und Mengensteigerungen geführt. Es wird geschätzt, dass MDCs in Afrika jährlich mehr als 500 Mio. USD zu den Umsätzen von Coca Cola beitragen (Okello 2013). In Äthiopien und Tansania macht das Modell über 80% der Coca-Cola-Umsätze aus (Nelson et al. 2009, S. 3). Allerdings gibt es verschiedene Herausforderungen bei dem MDC-Distributionskonzept: Die Rekrutierung zuverlässiger MDC-Besitzer ist schwierig, die Finanzierung der MDCs (insbesondere Start-up-Finanzierung und Working Capital) muss über die Abfüllpartner laufen, und die Erfolgsmessung sowie die Vergütungs- und Anreizsysteme sind komplex (Nelson et al. 2009, S. 20 ff.).
>
> Das MDC-Konzept von The Coca-Cola Company ist ein erfolgreiches Beispiel, wie mit einem innovativen Distributionsansatz die geografischen und verkehrsinfrastrukturellen Herausforderungen eines Marktes überwunden werden können. Durch ein dezentral organisiertes Netzwerk an lokalen Kleinunternehmern, denen die Logistikverantwortung übertragen ist, wird es möglich, in den ländlichen Regionen Afrikas ein erfolgreiches Geschäft zu entwickeln. Dabei wird ein multimodales Transportsystem genutzt, von Lkws bis hin zu Schubkarren und Fahrrädern.

Eine vermeintlich einfache Maßnahme, um die Verfügbarkeit sicherzustellen, ist eine Disposition, die einen entsprechenden Zeitpuffer einplant. Allerdings impliziert dies auch die Notwendigkeit von Lagerkapazitäten, um Ware, die frühzeitig ankommt und von Kunden nicht gelagert werden kann, zwischenlagern zu können. Somit ist die Nutzung von Lagerflächen ein wichtiger Ansatz, um die Verfügbarkeit und Zuverlässigkeit zu erhöhen. Unternehmen, die mit eigenen Lagerbeständen arbeiten, halten diese i. d. R. bei Distributoren oder Transportpartnern und verwenden selten eigene Läger, weil sie das politische Risiko der Enteignung scheuen und die Volumina i. d. R. zu klein sind, um eine eigene Lagerhaltung wirtschaftlich zu rechtfertigen. Auch internationale Logistikfirmen tendieren dazu, Lagerflächen zu leasen, und haben nur wenige eigene Flächen. Allerdings sollte versucht werden, das Lagermanagement und das „Pick & Pack" über eigenes Personal zu betreiben, da in diesen Bereichen immer wieder Probleme wie Fehlleitung der Ware, Verzögerungen und teilweise Warenschäden entstehen.

Beim Transport nach Westafrika sollten Unternehmen sich erkundigen, wie viele und wo die Schiffe auf dem Weg nach Westafrika Zwischenstopps einlegen, da dies immer wieder zu unvorhergesehenen Verzögerungen führt. Die Auswahl der Reederei sollte diese Routeninformationen berücksichtigen. Die größten Verzögerungen entstehen, wie beschrieben, bei der Ankunft der Ware in den Häfen. Hier gilt es, sich im Rahmen der Gegebenheiten zu optimieren. Dazu sollte bei der Wahl des Zielhafens auf dessen Effizienz geachtet werden. Wie gezeigt wurde, arbeiten einige Häfen (vor allem privatisierte) effizienter, was das Löschen der Ware und das Be- und Entladen der Lkws im Hafen betrifft. Bei der Wahl der Reederei in Europa sollten deren Kontakte zum Hafenmanagement sowie deren Erfahrungen im jeweiligen Zielhafen in die Entscheidung mit einfließen. Einige Reedereien betreiben teilweise eigene Hafenterminals (z. B. Maersk in Nigeria), wodurch bei der Hafenabfertigung alles „in einer Hand" liegt. Bei der Zollabfertigung gibt es regelmäßig Probleme bei den Zolldokumenten zur Freigabe der Ware. Deshalb sollte im Vorfeld einer Verschiffung darauf geachtet werden, dass man die aktuellen Dokumente korrekt ausgefüllt und idealerweise vorab mit dem Zoll abgestimmt hat (wo möglich), falls die benötigte Dokumentation sich kurzfristig geändert hat. Dies schützt zwar nicht vor Schmiergeldforderungen und den damit zusammenhängenden Verschleppungstaktiken beim Zoll, es reduziert aber die Ansatzpunkte für solche Forderungen, und in Fällen, wo kein Schmiergeld gefordert wird, beschleunigt es die Prozesse unmittelbar.

Auch im nationalen Transport kommt es immer wieder zu Verzögerungen aufgrund der schlechten Straßenbedingungen sowie vieler Kontrollen. So sollten bei der Transportplanung der Strecke – wo es Alternativen gibt – immer der berichtete Straßenzustand und die Anzahl an offiziellen und inoffiziellen Kontrollen berücksichtigt werden (vgl. Box zur Borderless-Initiative in Kap. 3.2). Da die Transportgeschwindigkeit niedrig ist und dadurch die Fahrzeiten lang sind, besteht die Gefahr von Diebstahl während der notwendigen Übernachtungen der Fahrer. Deshalb ist darauf zu achten, wo und wie die Lkws über Nacht abgestellt werden (eigene Standorte des Transportunternehmens, bei Lagerhallen des Distributors oder Standorten des Unternehmens sind zu empfehlen, wo möglich). Nachttransporte (weniger Verkehr und Kontrollen), wie sie einige lokale Transportunternehmen durchführen, werden von den europäischen Experten eher kritisch beäugt, da das Unfall- und Diebstahlrisiko deutlich höher ist. Innerhalb von Städten haben die belieferten Kunden i. d. R. nachts nicht geöffnet. Daher scheinen Nachttransporte nicht unbedingt die Verfügbarkeitszuverlässigkeit zu erhöhen.

Das zweite wichtige Kriterium für eine erfolgreiche Distributionslogistik ist die Kostenkontrolle. Es wurde schon gezeigt, dass die Logistikkosten in Westafrika deutlich über den europäischen liegen. Es gibt einige Maßnahmen, durch die diese hohen Kosten teilweise reduziert werden können. Dabei spielt die Verringerung der Verweildauer im Hafen und damit die Umgehung der hohen Lagerkosten eine wichtige Rolle. Für Nigeria gibt es zwei Möglichkeiten, die Kosten zu reduzieren: Ein Experte aus einem lokalen Logistikunternehmen, das auch die Zollabfertigung im Hafen für Unternehmen übernimmt, wies darauf hin, dass es bei der Zollabfertigung oft günstiger ist, keine Dokumente einzureichen und lieber die Strafe zu zahlen, die i. d. R. niedriger ist als eventuelle Zölle, Gebühren und Sondersteuern. Vor allem verkürzt sich die Zollabfertigung auf drei bis vier Tage statt der normalen zwei oder mehr Wochen, was zu Einsparungen bei den Lagerkosten im Hafen führt. Ein anderer Experte zeigte, dass es bis zu einem Drittel günstiger ist, einen 40-Fuß-Container statt zwei 20-Fuß-Container zu verschiffen. Dies liegt an einigen der Hafen- und Zollkosten, die pro Container (nicht nach Größe) berechnet werden oder für 40-Fuß-Container unterproportional (verglichen mit einem 20-Fuß-Container) hoch sind. So werden Dokumentationsgebühren, die Lagerkosten und Handhabungskosten im Hafen pro Container berechnet. Unterproportional höhere Kosten fallen beim nationalen Lkw-Transport sowie bei den Kosten für den Agenten an. Diese Beispiele zeigen, dass es für die Kostensenkung „Out-of-the-Box"-Maßnahmen gibt, die i. d. R. guten, spezialisierten Zollagenten oder Distributoren bekannt sind. Ähnliche Kosteneinsparungen über die kürzere Lagerhaltung am Hafen ergeben sich auch durch die schon erwähnte Wahl des Zielhafens, wo es Unterschiede in der Abfertigungseffizienz gibt. So ist z. B., laut einem Experten, der Tin-Can-Island-Hafen effizienter als der Apapa-Hafen (beide in Lagos). Was die nationalen Transportkosten betrifft, so besteht gerade bei kleineren Mengen die Möglichkeit, ein lokales Transportunternehmen direkt zu beauftragen, zumal es in den meisten Ländern ausreichend viele und akzeptable kleinere Transportunternehmen gibt. Die Kosteneinsparung kommt durch die Ausschaltung eines Agenten und den Wegfall von dessen Entlohnung zustande. Ob dies funktioniert, hängt maßgeblich von der Qualität und Zuverlässigkeit des lokalen Transportpartners ab und bedeutet, eigene Managementkapazität zur direkten Aussteuerung und Kontrolle der Distributionslogistik bereitzustellen, sodass dies eher für europäische Unternehmen mit Vor-Ort-Präsenz ein Ansatz sein kann.

Abschließend muss die Rolle von lokalen Partnern als wesentlicher Bestandteil des Umgangs mit der westafrikanischen Logistiksituation erörtert werden. Lokale Unternehmen und Agenten haben größere Erfahrung, bessere Kontakte und eine größere Vielfalt an Handhabungsmöglichkeiten als ein europäisches Unternehmen. Alle Experten weisen darauf hin, dass eine Distributionslogistik ohne einen guten lokalen Partner kaum möglich ist. Unerlässlich sind zum einen ein Agent für die Hafen- und Zollabfertigung und zum anderen ein lokales Transportunternehmen, um als europäisches Unternehmen keine hohe Kapitalbindung in der latent politisch instabilen Region Westafrika zu haben. Aufgrund der hohen Komplexität und permanenten Änderung im Zollabfertigungsprozess, der auf einem System der guten Beziehungen basiert, verwenden viele Firmen sogenannte „Customs Agents", also Zoll-Agenten.[4] Diese verursachen zwar Kosten, allerdings – laut den Experten – ist ohne solche Agenten eine halbwegs zügige Zollabfertigung kaum möglich. So können Zoll-Agenten die weiter oben genannten Zusatzkosten sowie unsichere Zeitverzögerungen beim Weitertransport der Waren zum Kunden reduzieren.

Ein äußerst kritischer Punkt für europäische Unternehmen ist dabei, qualifizierte, zuverlässige und nicht korrupte lokale Transportpartner zu finden.[5] Es sollte darauf geachtet werden, dass diese eine funktionsfähige Lkw-Flotte haben und ausreichende Transportkapazitäten für die Waren des eigenen Unternehmens verfügbar sind. Darüber hinaus sind die Zuverlässigkeit und die Qualität beim Transport sowie die seriösen Managementfähigkeiten durch persönliche Besuche zu überprüfen, um möglichst auch korruptes Verhalten auszuschließen. Sollte der Transport über den Distributor erfolgen, so setzt dieser i. d. R. auch spezialisierte Sub-Unternehmen ein, die man als Auftraggeber überprüfen sollte, da sie mittelbar die Warenverfügbarkeit der eigenen Produkte beim Kunden bestimmen.

Grundlegend wichtige Auswahlkriterien der Partner sind für fast alle europäischen Unternehmen die Themen Compliance und Zuverlässigkeit. Mit diesen grundlegenden Auswahlkriterien reduziert sich in den meisten Ländern die Anzahl der möglichen Partner auf eine Handvoll. Darüber hinaus sollten sich Unternehmen bei der Auswahl der lokalen Partner sowohl an ihren Distributionslogistikzielen als auch an den aktuellen Herausforderungen der Logistiksituation in Westafrika orientieren. Wird z. B. eine Lösung des Verfügbarkeits- und Zuverlässigkeitsproblems in der Distributionslogistik über Lagerkapazität gesucht, so kann es schwierig sein, einen Partner mit ausreichender Kapazität und qualitativ hochwertigem Lagerma-

---

[4] Häufig bieten Distributoren oder Logistikunternehmen diese Dienstleistung mit an.

[5] Die befragten Firmenvertreter weisen darauf hin, dass häufig die Kunden ihre Ware selbst aus dem Hafen oder aus dem Lager des Distributors abholen; nichtsdestotrotz fallen diese Logistikkosten bei den Kunden final an und sind bei ihnen eingepreist.

nagement zu finden. Soll primär eine Distribution in ländliche Regionen gewährleistet werden, so ist es wichtig, einen oder mehrere Distributoren zu finden, die das Land entsprechend abdecken können (vgl. Box oben zu Coca Cola). Weniger Probleme gibt es bei der Suche nach Partnern mit ausreichender Transportkapazität, da die Volumina i. d. R. nicht so hoch sind, dass ein Transportunternehmen mit zwei bis vier Lkws (gängige Größe lokaler Transporteure) groß genug ist.

Die lokalen Partner, so sie denn einen Großteil der genannten Kriterien erfüllen, verlangen hohe Preise, deren Kalkulation intransparent ist. Die Experten waren sich weitestgehend einig, dass die Preisberechnung der Distributions- und Transportpartner nicht kostenbasiert ist, sondern auf dem Prinzip des maximal durchsetzbaren Preises basiert. Aufgrund der hohen Unsicherheiten beim Logistikprozess – ab dem Zeitpunkt des Eintreffens der Ware im Land – können die Partnerunternehmen hohe Aufschläge für alle möglichen Risiken und Eventualitäten verlangen. Gelingt es ihnen, diese Risiken zu vermeiden, so machen sie hohe Gewinne. Das bedeutet für europäische Unternehmen, dass die Verhandlung mit den Partnern aufgrund der Intransparenz nicht einfach ist, aber deutliches Kosteneinsparpotenzial birgt.

Schlussfolgerungen und Ausblick 8

Sub-Sahara-Afrika als Ganzes, aber auch insbesondere die Region Westafrika, bietet Unternehmen gute Absatzchancen und sich verbessernde geschäftliche Rahmenbedingungen. Allerdings stellen die „harten" und „weichen" Rahmenbedingungen, die sich aus der Verkehrsinfrastruktur- und Logistiksituation ergeben, die Unternehmen in der ECOWAS-Region vor große Herausforderungen in der Distribution. Zwar wird in kleinen Schritten an einer Verbesserung in den westafrikanischen Ländern gearbeitet, aber mittelfristig kann nicht davon ausgegangen werden, dass die Logistiksituation sich für die Unternehmen nennenswert verbessern wird. Somit wurde in diesem Buch die Frage gestellt: Wie können Unternehmen mit diesen Herausforderungen umgehen?

Die größten logistischen Herausforderungen in der Distribution liegen bei der Hafen- und Zollabfertigung, die langwierig, kostspielig und unplanbar ist. Interessanterweise wurde der nationale Transport – trotz einiger Herausforderungen – als deutlich problemloser eingestuft. Im nationalen Kontext sind es vorrangig die „weichen" Logistikfaktoren, wie häufige Straßenkontrollen, Schmiergeldzahlungen und dergleichen, die zu nicht planbaren Verzögerungen führen und somit die Zuverlässigkeit und Verfügbarkeit der Ware beim Endkunden einschränken bzw. unsicherer machen. Somit sehen sich Unternehmen durch die logistischen Gegebenheiten mit direkten und indirekten Zusatzkosten konfrontiert, die maßgeblich durch Verzögerungen beim grenzüberschreitenden, aber auch nationalen Transport entstehen. Die resultierenden versteckten Kosten ergeben sich vor allem durch Verzögerungen beim Zoll und die daraus resultierenden Lagerkosten im Hafen, Ineffizienzen in der Bürokratie, viele Straßenkontrollen sowie häufige Schmiergeldzahlungsforderungen. Diese Situation führt vor allem bei den Distributionslogistikkriterien Verfügbarkeit/Zuverlässigkeit, Kosten und Transportdauer zu großen Problemen.

Auf Basis von Experteninterviews konnten einige Ansatzpunkte zum Umgang mit den diversen Herausforderungen identifiziert werden. So spielen Lagerkapazitäten zur Sicherstellung der Verfügbarkeit und Zuverlässigkeit dem Kunden gegenüber eine wichtige Rolle. Dabei wurde darauf hingewiesen, dass bei kleinen Volumen Lagerflächen beim Distributor oder anderen lokalen Anbietern gemietet werden sollten, was den Aufwand und die Kapitalbindung minimiert. Erst bei größeren Volumen sollte über ein eigenes Lager nachgedacht werden, zumal die politische Stabilität in vielen Ländern schwankend ist. Besonders wichtig ist es, dass die Unternehmen das Lagermanagement selbst übernehmen, da hier viele Distributionsprobleme ihren Ursprung haben.

Es wurde festgestellt, dass es zwei Bereiche gibt, in denen ein lokaler, zuverlässiger Partner unumgänglich ist und die versteckten Kosten deutlich reduzieren kann: 1) bei der Hafen- und Zollabfertigung, wo gute Kontakte und viel Erfahrung die Erfolgskriterien sind, und 2) beim lokalen Transport, da die Bedingungen schwierig sind sowie die Kapitalbindung bei eigenen Lkws sehr hoch ist. Dabei ist es in den meisten Ländern schwierig, einen zuverlässigen, nicht korrupten, den (europäischen) Unternehmensstandards entsprechenden Partner zu finden; davon gibt es nur wenige. Mit zunehmendem Engagement ausländischer Firmen in Westafrika wird die Knappheit größer und damit der Markteintritt schwieriger und kostspieliger. Deshalb sollten bei einem Markteintritt die Dauer und die Kosten für die Suche eines passenden Partners nicht unterschätzt werden. Ähnliches gilt für den Fall, dass man seine Geschäfte über einen Distributor abwickelt. Auch hier sind gute Distributoren, die den richtigen Zugang in alle Marktsegmente und in die geografische Breite haben, schwierig zu finden. Im Ergebnis muss häufig mit vielen kleineren Distributoren je Land gearbeitet werden, was zu einem hohen Managementaufwand bei den Unternehmen führt, wobei eine gewisse Vor-Ort-Präsenz zur Aussteuerung und Kontrolle der vielen Distributoren vorteilhaft ist.

Maßnahmen, um die Distributionslogistikkosten zu reduzieren, sind in verschiedenen Schritten der Logistikkette zu finden. Insgesamt stellen sich die Rahmenbedingungen für Distributionslogistik so dar, dass sie alle Unternehmen gleichermaßen betreffen. Die Unternehmen sowie deren Kunden sind sich der Situation bewusst, sodass die höheren Distributionslogistikkosten i. d. R. vollständig an den Kunden weitergegeben werden können. Die Experten weisen auch deutlich auf die vorrangige Bedeutung der Verfügbarkeit und Zuverlässigkeit als Hauptziel der Distributionslogistik hin. Somit kann ein effizienter Umgang mit den widrigen logistischen Rahmenbedingungen in Westafrika, der eine hohe Verfügbarkeit und Zuverlässigkeit schafft, ein Differenzierungsmerkmal und Wettbewerbsvorteil für die Unternehmen sein: „In Gesamtafrika […] kann man sich über Logistik differenzieren" (vgl. Kap. 9). Somit ist gezeigt, dass trotz der großen logistischen

8 Schlussfolgerungen und Ausblick

Herausforderungen in der Distribution in Westafrika diverse Ansätze zum erfolgreichen Umgang mit ihr existieren. Es wurde kein ganzheitliches neues Distributions(logistik)system vorgestellt, sondern eine Sammlung von ideenreichen Maßnahmen, um mit den noch viele Jahre anhaltenden logistischen Rahmenbedingungen in Westafrika konstruktiv umzugehen und eine – im Rahmen der Umstände – möglichst leistungsfähige Distributionslogistik für den Kunden aufzubauen.

Die hier dargestellten Situationen sowie Maßnahmen erheben keinen Anspruch auf Vollständigkeit und die Rahmenbedingungen sind in ihren Ausprägungen in den verschiedenen Ländern Westafrikas unterschiedlich. Allerdings sind die diskutierten Aspekte in der einen oder anderen Form in allen Ländern und für fast alle Branchen zutreffend. Somit sind eine Sensibilisierung für die speziellen Herausforderungen der Distributionslogistik sowie Hinweise auf den Umgang mit den Rahmenbedingungen für alle Unternehmen, die in Westafrika aktiv sind oder es werden wollen, relevant, damit ein geschäftliches Engagement erfolgreich sein kann.

Ergebnisse der Experteninterviews 9

Distributionsansatz der Unternehmen für westafrikanische Märkte

Kernaussagen der Experteninterviews:

1. Die Lieferungen nach Westafrika werden von den Firmen selbst organisiert und gemanagt (fob oder cif).
2. Vor Ort übernehmen lokale Distributoren die Hafen- und Zollabfertigung sowie die Distribution; wenige Firmen haben eine eigene „Vor-Ort-Präsenz", um die eigene lokale Distribution zu übernehmen.
3. Teilweise holt der Kunde die Produkte selbst ab (oder über lokale Transportpartner).
4. Fast alle Unternehmen arbeiten mit lokalen Partnern bei der Hafen- und Zollabfertigung zusammen.
5. Nationaler Transport wird von lokalen Distributoren übernommen, die häufig, wie internationale Logistikunternehmen, lokale Transport-Subunternehmen haben.
6. Nutzung vieler verschiedener Distributoren vor Ort, um den Markt nach Segmenten und Regionen in der Breite bearbeiten zu können.

Situation in Häfen

Kernaussagen der Experteninterviews:

1. Die meisten Häfen in Westafrika haben Kapazitätsengpässe aufgrund von zu wenig Anlegestellen, alter Be- und Entladeausrüstung, niedrigem Grad an Automatisierung und schlechter Hafenorganisation.

2. Privatisierte Häfen haben i. d. R. eine höhere Effizienz, sind dafür aber etwas teurer in der Abfertigung.

Situation auf Straßen

Kernaussagen der Experteninterviews:

1. Die Straßenqualität ist insgesamt in Westafrika niedrig, wobei es Unterschiede je Strecke gibt (gute und schlechte Abschnitte) sowie je Land (ärmere Länder wie Guinea, Sierra Leone, Liberia haben schlechtere Straßen). Generell gilt: „Die Straßen sind natürlich unter aller Kanone" [ECOWAS 2015-08, Zeile 209].
2. Im Straßenverkehr existieren viele Gefahren, die zu Unfällen und Pannen führen können, wie Schlaglöcher, Menschen und Tiere auf der Straße.
3. Tendenziell ist der Zustand und damit die Transportgeschwindigkeit auf den Hauptkorridoren besser als auf anderen Strecken im Land (obwohl die Abschnitte sehr unterschiedlich sein können) (15–25 km/h).
4. In den Städten und vom Hafen in die Stadt herrscht fast überall Stau, sodass die Transportgeschwindigkeit im Vergleich zum Rest des Landes weit unterdurchschnittlich ist (5–10 km/h).
5. Die Ursachen für den schlechten Straßenzustand sind vielfältig und umfassen Geldmangel, fehlenden politischen Willen, schlechte Bauqualität (u. a. wegen Korruption im Bau), Überladung der Lkws, in der Regenzeit überflutete oder unterspülte Straßen.
6. In Nigeria sind die Straßen – trotz des relativen Wohlstands – in schlechtem Zustand: „[I]t's [Nigeria] a wealthy country in Africa, but they hide it very well" [ECOWAS 2015-04, Zeile 92–94].

Situation bei Schiene und Luft

Kernaussagen der Experteninterviews:

1. Es existiert kein funktionierender Schienengüterverkehr und die Schiene ist auf mittelfristige Zeit keine Transportmitteloption.
2. Es existiert keine Binnenschifffahrt.
3. Flughafenkapazitäten sind ausreichend für das Volumen. Luftfracht wird immer direkt in jedes westafrikanische Land oder über einen Hub in Europa geliefert.

9 Ergebnisse der Experteninterviews

Entwicklungen und Umsetzung von Projekten

Kernaussagen der Experteninterviews:

1. Die Anzahl der angekündigten Verkehrsinfrastrukturprojekte ist kein Indiz für die zukünftige Situation bei den Verkehrsträgern: „A lot of these projects are announced and then die a slow death and very few of them actually – when they are announced – kick-off and get done straight away. We certainly see there being a big slippage from being announced to finally being [completed]" [ECOWAS 2015-02,Zeile 175-178] oder „They [African Governments] say they will invest, [...] I have been for 15 years in Africa [...] but when I look around I still see the same things" [ECOWAS 2015-04, Zeile 97].
2. Eine Verbesserung der Hafeninfrastruktur und -kapazität wird von den meisten Experten erwartet, da schon in der nahen Vergangenheit viele Investitionen umgesetzt wurden und auch für die nahe Zukunft viele angekündigt wurden und schon im Bau befindlich sind.
3. Die Einschätzung der Straßensituation für das Jahr 2020 war etwas unterschiedlich: Die lokalen Experten waren optimistischer, dass es zu nennenswerten Verbesserungen in der Straßenqualität kommen würde, wohingegen die europäischen Experten sehr skeptisch waren.
4. Ein Großteil der Straßeninvestitionen geht in die Instandsetzung und -haltung von Straßen (vor allem der Hauptkorridore und urbanen Regionen) und weniger in den Ausbau des Straßennetzes.
5. Die Investitionen in die Straßeninfrastruktur werden lange nicht ausreichen, um das Straßeninfrastrukturdefizit in Westafrika zu beseitigen.
6. Gründe für den eher pessimistischen Ausblick auf die Straßenqualität für das Jahr 2020 sind der mangelnde politische Wille, die unzulängliche Qualität beim Bau, Bau- und Projektstopps nach Regierungswechsel, Geldmangel.

Grenzüberschreitende Distributionslogistikkosten: Direkte und versteckte Kosten

Kernaussagen der Experteninterviews:

1. Die Transportkosten nach Westafrika sind von Europa aus höher als in andere vergleichbare Regionen. Gründe sind niedrige Frachtkapazitäten, häufige Leerfahrten zurück nach Deutschland sowie nicht volle Container aufgrund der niedrigen Absatzvolumina in Westafrika.

2. Die Transportkosten zu allen westafrikanischen Häfen sind in etwa identisch. Unterschiede in den Kosten entstehen in den Häfen, wo die direkten und versteckten Kosten sowie – damit zusammenhängend – die Abfertigungsdauer differieren.
3. Die meisten versteckten Kosten entstehen beim Zoll, der ineffizient und oft korrupt in seiner Arbeit ist: Am häufigsten gibt es Probleme bei den Zolldokumenten und -genehmigungen, die sich häufig ändern und somit oft unvollständig oder falsch ausgefüllt sind, sodass dieser Zollabfertigungsschritt z. B. bei Spezialgütern sieben bis 15 Mal so kostspielig ist wie im internationalen Vergleich (bei „normalen Gütern" liegt der Faktor bei ca. 3–7). Durch die resultierenden Verzögerungen fallen hohe Lagerkosten in den Häfen an. Ein weiterer Diskussionspunkt ist die Warenklassifizierung (zur Festlegung des Zolls), bei der es oft Einschätzungsdifferenzen gibt, die zu unterschiedlichen Zollzahlungsforderungen führen.
4. Lagerkosten sind ein großer zusätzlicher Kostenfaktor bei der Einfuhr. Sie liegen je nach Dauer in Ghana zwischen 6 und 11 USD und in Nigeria zwischen 5 und 30 USD pro Tag und TEU in den meisten Häfen (abzüglich einiger weniger kostenfreier Tage, die aber i. d. R. nicht für die Hafen- und Zollabfertigung reichen.
5. In vielen Ländern werden neben dem Zoll diverse Sondersteuern bei der Einfuhr erhoben, die bis zu über 10 % + Mehrwertsteuer zusätzlichen Transportkosten führen können; solche Sondersteuern sind z. B. „Peak Season Charge","Congestion Charge", „Port Condition Charge".

Distributionskosten *in* Westafrika: Direkte und versteckte Kosten

Kernaussagen der Experteninterviews:

1. Die Transportkosten innerhalb Westafrikas sind aufgrund von höheren direkten Kosten sowie vielen versteckten Kosten deutlich höher als in Europa (ca. 1,5 Mal so hoch).
2. Hauptursachen sind die schlechte Straßeninfrastruktur, die zu deutlich niedrigeren Durchschnittsgeschwindigkeiten führt, eine ineffiziente Bürokratie und ineffizientes Management bei den Distributoren sowie viele Schmiergelder und Gebühren bei diversen offiziellen (Polizei, Gemeinden) und inoffiziellen Kontrollen auf den Strecken.
3. Verluste durch Waren-, Diesel- oder Lkw-Teile-Diebstahl kommen vor, sind aber kein übermäßiges Problem. Endprodukte, gerade für den Konsumbereich (Konsumelektronik, fertige Baumaterialien usw.), werden eher und in größeren Mengen gestohlen als Zwischenprodukte.

4. Lokale Transportunternehmen verlangen hohe Preise, da die tatsächlichen Kosten intransparent sind und sie aufgrund der widrigen Transportumstände hohe (intransparente) Risikoaufschläge berechnen.

Verzögerungen *nach* Westafrika: Beeinflussung der Verfügbarkeit, Zuverlässigkeit und Flexibilität

Kernaussagen der Experteninterviews:

Allgemein

1. Die Transportdauer von Europa nach Westafrika beträgt i. d. R. 22–30 Tage. Verzögerungen entstehen, wenn die Schiffe auf dem Weg nach Westafrika Zwischenstopps in anderen Häfen machen, um das Schiff auszulasten, wobei es zu Verzögerungen in den Häfen kommen kann.

In Häfen (und Flughäfen)

1. Fast alle Häfen in Westafrika sind überlastet. Beim Anlegen der Schiffe kommt es zu Verzögerungen aufgrund der beschränkten Anzahl von Anlegestellen (i. d. R. 1–2 Tage, teilweise 3–4 Tage, Demurrage-Kosten). Das Entladen dauert dann noch einmal 1–4 Tage.
2. Die Zollabfertigung ist der größte Verzögerungsfaktor und variiert von Land zu Land. In Ghana und im Senegal dauert der Zollabfertigungsprozess 7–10 Tage, in Nigeria ca. 14 Tage, wenn es keine Probleme gibt.
3. Der gesamte Hafen- und Zollabfertigungsprozess dauert 1–4 Wochen, je nach Hafen und je nach Problemen; in Einzelfällen kann es noch deutlich länger dauern. Im Senegal dauert der gesamte Hafen- und Zollabfertigungsprozess ca. 9–10 Tage, das andere Extrem stellt Nigeria mit ca. 20–25 Tagen dar. Zum Vergleich: Derselbe Prozess dauert in Deutschland 1–2 Tage.
4. Ursachen für die Verzögerungen im Hafen sind: veraltete, manuelle Entladeausrüstung, zu wenig Ausrüstung für das Ent- und Beladen von Lkws, Zoll arbeitet unzuverlässig (nicht immer da, ineffizient), häufige Zusammenbrüche der Server für den Online-Zollabfertigungsprozess (vor allem in der Regenzeit), Probleme bei den Zolldokumenten (tatsächlich oder wegen Schmiergeldforderungen).
5. Je nach Güterart (gefährliche Güter und eilige Güter, wie Medikamente) wird in sogenannten „internal container deposits" außerhalb des Hafens vom Zoll abgefertigt, was normalerweise 1–2 Tage dauert. Auch die Gefahr von Diebstahl ist in diesen Lägern geringer.
6. An Flughäfen ist der Zollabfertigungsprozess mit 2–5 Tagen deutlich schneller.

Verzögerungen *in* Westafrika: Beeinflussung der Verfügbarkeit, Zuverlässigkeit und Flexibilität

Kernaussagen der Experteninterviews:

1. Die Hauptursachen für Verzögerungen beim Straßentransport sind die schlechte Straßeninfrastruktur und die vielen offiziellen und inoffiziellen Kontrollen auf den Strecken.
2. Einschätzungen für Durchschnittsgeschwindigkeiten in urbanen Regionen liegen bei ca. 5–10 km/h (Hafen Tema in Accra bis in die Innenstadt, Hafen Tin Can Island (Lagos) bis in die Innenstadt), was an den vielen Staus und der schlechten Verkehrsorganisation liegt.
3. Außerhalb von Städten liegt die Durchschnittsgeschwindigkeit je nach Land bei 15–40 km/h. Diese geringe Durchschnittsgeschwindigkeit ergibt sich aus einer Kombination der schlechten Straßenverhältnisse, vieler Kontrollen, vieler Unfälle und Pannen und in der Regenzeit durch Überflutungen oder Unterspülung der Straßen.
4. Grenzübertritte innerhalb der ECOWAS dauern ca. einen Tag, die Dauer variiert aber von Grenze zu Grenze

Herausforderungen für die Distributionslogistikkriterien

Kernaussagen der Experteninterviews:

Verfügbarkeit, Zuverlässigkeit und Flexibilität
1. Lieferzuverlässigkeit ist in Westafrika aufgrund der vielen Quellen für Verzögerungen (Hafenabfertigung, Zollabfertigung, Straßensituation beim Transport) schwer zu garantieren. Die Liefertreue/-zuverlässigkeit liegt bei ca. 80 % (in Deutschland normalerweise 97 %), wobei schon Zeitpuffer einkalkuliert sind.
2. Lieferzuverlässigkeit und Verfügbarkeit werden von den Unternehmen/Kunden in Westafrika erwartet, sind aber teuer. Unternehmen sind bereit, die hohen Kosten zu tragen, da sie diese i. d. R. an die Endkunden weitergeben können.
3. Probleme bei der Verfügbarkeit und Zuverlässigkeit kommen oft durch fehlerhaftes Lagermanagement und fehlerhaftes „Pick & Pack" bei den Distributoren zustande. Unzureichendes Lagermanagement ist eine der wesentlichen Herausforderungen für die Verfügbarkeit und Zuverlässigkeit bei der Distribution.

Kosten

1. Aufgrund der versteckten, unberechenbaren Kosten trägt das Insourcen von Transportleistungen im Inland aus Sicht der Unternehmen ein hohes Kostenrisiko. Durch hohe, aber feste Preise, die an (lokale) Transportunternehmen gezahlt werden, wird dieses Risiko kalkulierbar und auf den lokalen Partner übertragen.
2. Die nationalen Transportkosten sind in Westafrika schätzungsweise 2–3 Mal so hoch wie in Europa. Ein Beispiel: Von Togo nach Ouagadougou (Burkina Faso) sind es 1000 km und der geschätzte Kostenfaktor ist 10 Mal höher als von Hamburg nach Stuttgart.
3. Die Instandhaltungskosten von Lkws sind deutlich höher als in Europa (3–7 Mal so hoch). Gründe dafür sind das Alter der Lkws und die schlechten Straßenverhältnisse.

Qualität der Ware nach Lieferung

1. Schäden durch den Transport kommen vor, sind aber kein nennenswertes Problem; bei der Verladung von Spezialgütern kommt es hin und wieder zu Schäden aus Mangel an Erfahrung und Training.

Kosten vs. Service: Die Bedeutung von Lagerfläche

Kernaussagen der Experteninterviews:

1. Verfügbarkeit und Flexibilität (Service) spielen bei der Distributionslogistik in Westafrika eine größere Rolle als Kosten.
2. Lagerhaltung spielt eine wichtige Rolle bei der Gewährleistung von Warenverfügbarkeit.
3. Die meisten Unternehmen haben aufgrund des politischen (Enteignungs-)Risikos sowie der geringen Volumina, die die meisten europäischen Firmen aktuell in Westafrika absetzen, keine eigenen Läger. Viele Unternehmen leasen Lagerflächen bei den Distributoren. Einige große, internationale Logistikunternehmen haben eigene Lagerhäuser, leasen aber meistens selbst.
4. Lagerhaltung ist zwar teurer als Direktbelieferung, aber Kunden erwarten hohe Verfügbarkeit und Flexibilität und sind dafür bereit, höhere Preise zu zahlen bzw. Kosten in Kauf zu nehmen.

Umgang mit den Herausforderungen für die Distributionslogistikkriterien

Möglichkeiten der Steigerung von Verfügbarkeit, Zuverlässigkeit und Flexibilität

1. Verschiffung über die europäischen Häfen (oder zunehmend über Dubai), die eine regelmäßige Verbindung zu den westafrikanischen Häfen haben (z. B. Spanien nach Westafrika).
2. Die Situation in Westafrika ist von Hafen zu Hafen unterschiedlich, vor allem in der Hafenabwicklung, sodass man sich vor dem Verschiffen über mögliche Zielhäfen informieren sollte. Privatisierte Häfen sind i. d. R. effizienter, aber auch teurer.
3. Bei der Auswahl der Reederei sollten deren jeweilige Dienstleistungen in den verschiedenen Häfen eines Landes berücksichtigt sowie ihre Kontakte und Erfahrungen im Umgang mit dem Zoll und dem Hafen bewertet werden.
4. Bei der Zollabfertigung sollte proaktiv sichergestellt werden, dass die Dokumente vorhanden sowie korrekt und vollständig ausgefüllt sind; in vielen Häfen ist eine „pre-clearance" über Kopien der Dokumente möglich, sodass etwaige Fehler in den Papieren vorab korrigiert werden können.
5. Gute Distributoren oder sogenannte Zollagenten mit guten Kontakten zum Hafen und zum Zoll sowie langer Erfahrung können den Hafen- und Zollabfertigungsprozess deutlich beschleunigen und dadurch zu Kosteneinsparungen durch reduzierte Lagerkosten beitragen.
6. Einplanung von Zeitpuffern in der Logistikdisposition zum Kunden. Hat der Kunde ein (Zwischen-)Lager, so ist eine zu frühe Lieferung nicht problematisch. So ein Lager haben Kunden i. d. R., wenn die Verfügbarkeit für den Kunden kritisch ist, z. B. bei Zwischenprodukten für die Produktion.
7. Flexibilität lässt sich nur über Lagerhaltung und/oder Luftfracht garantieren. Beides ist kostspielig.
8. Lagerbestände können bei den Distributoren gemietet werden. Die Möglichkeit, ein eigenes Lagermanagement zu betreiben, ist ein Vorteil.
9. Beim nationalen Transport sollte die jeweilige Streckenwahl, wenn es verschiedene Strecken zum Ziel gibt, im Hinblick auf den Straßenzustand und Straßenkontrollen gewählt werden, wodurch Kosten und Zeit gespart werden. D. h. die Erfahrung der letzten Fahrten auf der Strecke sollten regemäßig ausgewertet werden.

Möglichkeiten der Kostensenkung

1. Ca. 1/3 Kosteneinsparung durch die Nutzung eines 40-Fuß-Containers statt von zwei 20-Fuß-Containern ist möglich, da einige Kostenpunkte *per Container*

berechnet werden und andere bei einem 40-Fuß-Container nur unterproportional höher sind als bei 20-Fuß-Containern.
2. Nigeria: Bei der Zollabfertigung ist es manchmal günstiger und schneller, keine Dokumente einzureichen und eine Strafe zu zahlen, als die Dokumentgebühren und Zölle zu zahlen (3–4 Tage vs. 2 Wochen).
3. Direkte Beauftragung von kleinen lokalen Transporteuren (2–4 Lkws) ist i. d. R. ausreichend, weil das Absatzvolumen in Westafrika noch gering ist. Somit können Kosten für den Agenten, der sonst den Transport organisiert, eingespart werden. Ein Agent für Hafen- und Zollabfertigung ist wegen der Bedeutung von Kontakten und Erfahrungen nötig
4. Verkürzung der Hafen- und Zollabfertigung, um Lagerkosten einzusparen:
   - Im Hafen ist der größte Kostenhebel, die korrekten und vollständigen Dokumente für den Zoll zu haben.
   - Auswahl des Hafens kann auch einen Unterschied machen, da z. B. Tin Can Island etwas effizienter ist als der Apapa Hafen.
   - Möglichst die Ankunftszeit auf Mitte der Woche legen (nicht am Wochenende), da weniger Stau am Hafen ist und die Transportzyklen kürzer sind.
5. Um Verluste aus Diebstahl finanziell abzusichern, verlangt das Logistikunternehmen einen Aufschlag für verlorene Ware.

Auswahl von und Herausforderungen mit lokalen Partnern

Kernaussagen der Experteninterviews:

Auswahl

1. Die Partnersuche (Distributor und Transportunternehmen) ist schwierig, da es nur wenige zuverlässige Partner gibt, die die Standards der europäischen Unternehmen erfüllen und nicht korrupt sind. Mit diesen Kriterien reduziert sich die Anzahl der möglichen Partner in den meisten Ländern auf 2–4 potenzielle Subunternehmer.
2. Gerade die Kontakte und Erfahrungen, die ein Distributor oder Zollagent am Hafen hat, sind wichtige Auswahlkriterien, da dort die meisten versteckten Kosten aus Verzögerungen entstehen.
3. Gängige, nachgelagerte Auswahlkriterien: Niveau der Kompetenz, Qualität des Fuhrparks, Vorhandensein aller Genehmigungen, erster Eindruck bei Besuch des Büros, Gespräch mit Führungskräften, Vorhandensein von guten Lägern.
4. Bei Distributoren ist auch die Fähigkeit, den Markt in der Breite (Segmente, Regionen) zu bedienen, wichtig.

5. Aufgrund der wichtigen Rolle von Lagerkapazitäten für die Distributionszuverlässigkeit und Warenverfügbarkeit ist die Lagerkapazität und -qualität bei den Partnern ein wichtiges Kriterium.
6. Aus Sicht der meisten Unternehmen ist die geringe Lkw-Flottengröße lokaler Subunternehmen (i. d. R. 2–4 Lkws) kein begrenzendes Kriterium, da die zu transportierenden Volumina bei den meisten Firmen noch gering sind. Es sind die anderen Kriterien, die ausschlaggebend sind.

Herausforderungen in der Zusammenarbeit

1. Auch internationale und sehr große Logistikunternehmen arbeiten in weiten Teilen mit lokalen Subunternehmen zusammen, da sie aufgrund der hohen Kapitalbindung und des politischen Risikos nur kleine Lkw-Flotten unterhalten.
2. Die Preise der Distributoren und Transportunternehmen sind in Westafrika sehr hoch, weil a) die Transportsituation schwierig ist, b) Verfügbarkeit nur zu hohen Kosten gewährleistet werden kann, c) sie eine Preissetzung anhand der maximal durchsetzbaren Preise durchführen.
3. Es herrscht keine Transparenz über die tatsächlichen Kosten und Margen von Subunternehmen im Transport- und Distributionsbereich, die Kunden müssen zahlen, zumal sie i. d. R. keine attraktiven Alternativen haben.
4. Größte Herausforderung ist ein unzulängliches Lager- und teilweise auch Distributionsmanagement bei den Distributoren.
5. Compliance und Zuverlässigkeit bei den lokalen Partnern zu finden, ist die größte Herausforderung.
6. Relativ hohe Ausfallraten bei den Lkws der lokalen Partner, da diese i. d. R. 8–10 Jahre alt (oder älter) sind und die Ersatzteilbeschaffung schwierig ist.

Sonstige Aspekte

Kernaussagen der Experteninterviews:

Funktionsfähigkeit der ECOWAS

1. Die ECOWAS ist aktuell nicht viel mehr als ein Lippenbekenntnis und hat keinerlei Verbesserung für die Logistikbedingungen gebracht.
2. Ein regionaler Hub wäre wünschenswert, da sich dann Lagerhaltung vom Volumen her lohnen würde und man größere Mengen seltener durch den Zoll bringen müsste. Aber aufgrund der unzureichenden Umsetzung der ECOWAS sind sich die Experten einig, dass ein regionales Distributionscenter für die

ECOWAS-Länder in naher Zukunft unrealistisch ist, aus Angst, Zölle doppelt zu zahlen (erneut beim Inner-ECOWAS-Grenzübertritt), wegen der hohen nationalen/regionalen Transportkosten zwischen den Ländern (im Vergleich zu Direktbelieferung der Länder) und wegen Verzögerungen und (erneuten) Schmiergeldzahlungen an den Grenzen.

3. Logistikunternehmen können seit kurzem sogenannte „Regional Free Zone Center" in Ghana betreiben, wo keine Zölle gezahlt werden müssen (nur eine kleine Gebühr von 1,2 % des Warenwertes), wenn die Ware in ECOWAS-Nachbarländer re-exportiert wird.

Konsequenzen bei Kunden und Wettbewerbsvorteil

1. Eine gute Distributionslogistik ist ein definitives Differenzierungsmerkmal in Westafrika für die Kunden: „In Gesamtafrika [...] kann man sich über Logistik differenzieren (Verfügbarkeit Distributionstreue, Liefertreue, usw.)" [ECOWAS 2015-08, Zeilen 173–174].
2. Kunden sind bereit, die höheren Distributionskosten zu zahlen, da sie keine Alternative haben und die Situation vor Ort selbst kennen.

Literatur

Abe, O. (2014). Deepening regional integration and organising world trade: The limits of ECOWAS. *International Journal of Public Law and Policy, 4*(1), 71–87.

ACET (African Center for Economic Transformation). (2013). *Building bigger better gateways – The future of West Africa's ports and harbours*. Nairobi: West Africa Trends Newsletter.

Aéroport International Blaise Diagne. (o. J.). Présentation du projet. http://www.aibd.sn/index.php/presentation-du-projet. Zugegriffen: 22. März 2015.

AfDB (African Development Bank). (o. J.a). The programme for infrastructure development in Africa – Closing the infrastructure gap vital for Africa's transformation. http://www.afdb.org/en/topics-and-sectors/initiatives-partnerships/programme-for-infrastructure-development-in-africa-pida/. Zugegriffen: 5. Mai 2015.

AfDB (African Development Bank). (o. J.b). Programme for infrastructure development in Africa – Financing PIDA projects. http://www.afdb.org/fileadmin/uploads/afdb/Documents/Generic-Documents/PIDA%20brief%20financing.pdf. Zugegriffen: 5. Mai 2015.

AfDB (African Development Bank). (o. J.c). Programme for infrastructure development in Africa – Interconnecting, integrating and transforming a continent. http://www.afdb.org/fileadmin/uploads/afdb/Documents/Project-and-Operations/PIDA%20note%20English%20for%20web%200208.pdf. Zugegriffen: 5. Mai 2015.

AfDB (African Development Bank). (o. J.d). Statistical data base. African Development Group, Abidjan (Cote d'Ivoire). http://dataportal.afdb.org/DataQuery.aspx. Zugegriffen: 14. April 2015.

AfDB (African Development Bank). (2012). *The programme for infrastructure development in Africa: Transforming Africa through modern infrastructure*. Abidjan: African Development Group.

AfDB (African Development Bank). (2015). Programme for Infrastructure Development in Africa (PIDA). http://www.afdb.org/en/topics-and-sectors/initiatives-partnerships/programme-for-infrastructure-development-in-africa-pida/. Zugegriffen: 5. Mai 2015.

AfDB, OECD, & UNDP. (2013). African economic outlook 2013. Paris. www.africaneconomicoutlook.org. Zugegriffen: 20. März 2015.

AfDB, OECD, & UNDP. (2014a). African economic outlook 2014. Paris. www.africaneconomicoutlook.org. Zugegriffen: 20. März 2015.

AfDB, OECD, & UNDP. (2014b). *African economic outlook 2014 – West Africa*. Paris: OECD.
Afifi, T. (2010). Wenn die Existenz vertrocknet. *Flucht und Migration, 4*(10), 22–23.
AFREXIMBANK. (2012). *Annual report 2011*. Cairo.
AFREXIMBANK. (2014). *Annual report 2013*. Cairo.
Africa Research Online. (2013). Major new road to be built in West Africa. https://africaresearchonline.wordpress.com/2013/05/15/major-new-road-to-be-built-in-west-africa/. Zugegriffen: 22. März 2015.
Afriquinfos. (2014). Sénégal: L'aéroport international Blaise Diagne livré en novembre. http://www.afriquinfos.com/articles/2014/3/25/senegal-laeroport-international-blaisediagne-livre-novembre-248235.asp. Zugegriffen: 22. März 2015.
AICD (Africa Infrastructure Knowledge Program). (2011). *Data and Maps – ECOWAS Infrastructure*. Abidjan: AfDB. http://www.infrastructureafrica.org/tools/maps. Zugegriffen: 15. Feb. 2015.
Akete, E. (2012). The Proposed Lekki International Airport. http://www.lasgidiboy.com/2012/05/proposed-lekki-international-airport.html. Zugegriffen: 22. März 2015.
Altmann, J. (2015). CIF. http://wirtschaftslexikon.gabler.de/Definition/cif.html. Zugegriffen: 27. März 2015.
Alsup, P. (2013). Remarks by Deputy Chief of Mission C. Patricia Alsup at the Borderless Alliance Annula Conference on February 21, 2013. http://ghana.usembassy.gov/pr-022113.html. Zugegriffen: 4. Mai 2015.
APM Terminals. (o. J.). Apapa container terminal. http://www.apmterminals.com/africa-mideast/apapa/. Zugegriffen: 15. März 2015.
AU (Afrikanische Union). (2014). *African Union Handbook 2014*. Addis Abeba.
AUC (The African Union Commission). (2015). Program Infrastructure Development for Africa (PIDA). http://pages.au.int/infosoc/pages/program-infrastructure-development-africa-pida. Zugegriffen: 5. Mai 2015.
BDI (Bundesverband der Deutschen Industrie). (2014). *BDI-Strategie Subsahara-Afrika – Chancenkontinent Afrika*. Berlin: BDI.
Behle, C., Detroy, E.-N., & vom Hofe, R. (2009). *Handbuch Vertriebsmanagement*. München: FinanzBuch.
Berry, S. (2010). How Coca-Cola's distribution system works. http://www.colalife.org/2010/12/19/how-coca-colas-distribution-system-works/. Zugegriffen: 15. März 2015.
Beuran, M., Isik, G., Raballand, G., & Refas, S. (2012). *Why does Cargo spend weeks in Sub-Saharan African ports? – Lessons from six countries*. Washington, D. C.: The World Bank.
Bofinger, H. (2009). An unsteady course: Challenges to growth in Africa's air transport industry. In *Background Paper No. 16. Africa infrastructure country diagnostic*. Washington, D. C.: The World Bank.
Bolloré Africa Logistics. (o. J.). Overview container terminal. http://www.bollore-africa-logistics.com/en/ports-and-terminals/our-container-terminals.html. Zugegriffen: 15. März 2015.
Borderless West Africa. (2015). Borderless. http://www.borderlesswa.com. Zugegriffen: 26. April 2015.
Bougheas, S., Demetriades, P., & Mamuneas, T. (1999). *Infrastructure, specialisation and economic growth* (3. Aufl.). London: South Bank University.
Briceño-Garmendia, C., & Foster, V. (2010). *Africa's infrastructure – A time for transformation*. Washington, D. C.: The World Bank.
Brock, J. (2014). Ebola's impact on Africa economy might be less than feared: World Bank. Reuters. www.reuters.com. Zugegriffen: 24. Nov. 2014.

Literatur

Bruhn, M. (2012). *Marketing – Grundlagen für Studium und Praxis* (11. Aufl.). Wiesbaden: Gabler Verlag.
Business Call To Action. (2010). The Coca Cola company: Enabling jobs and opportunity. http://www.businesscalltoaction.org/wp-content/files_mf/cocacolacasestudyforweb40.pdf. Zugegriffen: 8. März 2015.
Carana Corporation. (2010). Borderless seeks freer, faster trade in West Africa. http://www.carana.com/about-us/news-archives-all/503-borderless-seeks-freer-faster-trade-in-west-africa. Zugegriffen: 4. Mai 2015.
Cargorouter. (o. J.). Cargorouter. http://www.cargorouter.com/freight-shipping/Africa/. Zugegriffen: 1. Feb. 2015.
Central Bank of Nigeria. (o. J.). Statistic database – External sector statistics. http://statistics.cbn.gov.ng/cbn-onlinestats/DataBrowser.aspx. Zugegriffen: 13. April 2015.
Chironga, M., Leke, A., Lund, S., & Wamelen van, A. (2011). Cracking the next growth market: Africa. Harvard Business Review, May 2011, Johannesburg.
CIA (Central Intelligence Agency). (2014). The world factbook. https://www.cia.gov/library/publications/the-world-factbook. Zugegriffen: 25. Jan. 2014.
Coface. (2014a). Country risk assessment: Comparison by area – Africa. http://www.coface.com/Economic-Studies-and-Country-Risks. Zugegriffen: 25. Nov. 2014.
Coface. (2014b). Panorama Country Risk, October 2014. Bois-Colombes. http://www.coface.com. Zugegriffen: 25. Nov. 2014.
Commonwealth Business Communication Ltd. (2013). *The Africa Infrastructure Investment Report 2013*. London.
Coquery-Vidrovitch, C., & Moniot, H. (1993). *L'Afrique noire de 1800 Ã nos jours*. Paris: Presses Universitaires de France.
CTA (Technical Centre for Agricultural and Rural Cooperation). (2013). Success of Borderless Alliance raises hopes for long-term agricultural gains. http://agritrade.cta.int/en/layout/set/print/Agriculture/Topics/ACP-regional-trade/Success-of-Borderless-Alliance-raises-hopes-for-long-term-agricultural-gains. Zugegriffen: 26. April 2015.
Dasgupta, S. (2011). What are deep water ports? http://www.marineinsight.com/marine/what-are-deep-water-ports/. Zugegriffen: 7. Feb. 2015.
Debrie, J. (2012). The West African port system: Global insertion and regional particularities. http://echogeo.revues.org/13070. Zugegriffen: 8. Feb. 2015.
Deen-Swarray, M., Bamidele, A., & Gbadebo, O. (2014). Policy recipe for fostering regional integration through infrastructure development and coordination in West Africa. In D. Seck (Hrsg.), *Regional economic integration in West Africa* (S. 29–58). Wiesbaden: Springer.
Deloitte & Touche. (2013). African construction trends report 2013. http://www.icafrica.org/fileadmin/documents/Knowledge/Deloitte_Construction_Trends_Report.pdf. Zugegriffen: 27. März 2015.
Deutsche Bundesbank. (2014). *Direktinvestitionen lt. Zahlungsbilanzstatistik – Für den Berichtszeitraum 2010 bis 2013*. Frankfurt a. M.
Deutsche Welle. (24. August 2013). Textile Hoffnung für Äthiopien. Deutsche Welle. http://www.dw.de/textile-hoffnung-für-äthiopien/a-17041955. Zugegriffen: 27. Juli 2014.
ECA (Economic Commission for Africa), AU (Afrikanische Union). (2013). *Economic report on Africa 2013: Making the most of Africa's commodities: Industrializing for growth, jobs and economic transformation*. Addis Ababa: ECA.

ECOWAS. (2010). *ECOWAS vision 2020. Towards a democratic and prosperous community*. Abuja: ECOWAS Commission.
ECOWAS. (o. J.). ECOWAS Basic Information. http://www.ecowas.int/about-ecowas/basicinformation/. Zugegriffen: 18. Jan. 2015.
Emmerichs, S., Siemens, R., & Völker, M. (2013). *Rheinland-Pfalz – Ein Ländervergleich in Zahlen*. Statistisches Landesamt Rheinland-Pfalz, Bad Ems.
Ernst & Young. (2014). EY's attractiveness survey. Africa 2014 – Executing growth. http://www.ey.com/Publication/vwLUAssets/EY-attractiveness-africa-2014/$FILE/EY-attractiveness-africa-2014.pdf. Zugegriffen: 20. März 2015.
Europäischer Rechnungshof. (2012). *Beitrag des Europäischen Entwicklungsfonds (EEF) zu einem nachhaltigen Strassennetz in den afrikanischen Ländern südlich der Sahara*. Sonderbericht Nr. 17. Luxemburg.
EU-AITF. (2013). EU-Africa infrastrucutre trust fund. Luxemburg. www-eu-africa-infrastructure-tf.net. Zugegriffen: 27. Nov. 2014.
Fayé, M., McArthur, J., Sachs, J., & Snow, T. (2004). The challenges facing landlocked developing countries. *Journal of Human Development, 5*(1), 31–68.
Feige, I. (2007). *Transport, trade and economic growth – coupled or decoupled*. Berlin: Springer.
Foster, V., & Briceño-Garmendia, C. (2010). Africa's infrastructure: A time for transformation. http://siteresources.worldbank.org/INTAFRICA/Resources/aicd_overview_english_no-embargo.pdf. Zugegriffen: 11. Nov. 2014.
Foster, V., & Ranganathan, R. (2011). *ECOWAS' infrastructure – A regional perspective*. Washington, D. C.: The World Bank.
Fronja, G. (1997). *Verkehrssicherheit und Wirtschaftswachstum*. Hamburg: Diplomica.
Ghana Ports and Harbours Authority. (o. J.). Ghana Ports Authority Homepage (various subpages). http://ghanaports.gov.gh/tm/default. Zugegriffen: 15. März 2015.
Gleißner, H. (2012). Distributionslogistik. In P. Klaus, W. Krieger & M. Krupp (Hrsg.) *Gabler Lexikon Logistik* (5. Aufl., S. 125–127). Wiesbaden: Springer.
Googlemaps. (2015). Westafrika. https://www.google.de/maps/place/West+Africa/@14.591592,-0.844483,5z/data=!3m1!4b1!4m2!3m1!1s0xe26e8142c8c27c9:0xd456c5cbdb66949. Zugegriffen: 27. März 2015.
Göpfert, I. (2012). Zukünftige Herausforderungen im Bereich des Handels – Chancen und Risiken ausgewählter Supply-Chain Management Konzepte. In I. Göpfert (Hrsg.) *Discussion Papers on Logistics and Supply Chain Management* (Vol. 3). Marburg: Philipps Universität.
Gouvernement du Benin. (o. J.). Transportation infrastructure backbone. http://www.tablerondebenin2014.org/images/stories/docs/en_transport.pdf. Zugegriffen: 22. März 2015.
Gouvernement du Burkina Faso. (o. J.). Rehabilitation. http://www.finances.gov.bf/index.php/actualites/76-rehabilitation-route-koupela-bittou-tenkodogo. Zugegriffen: 11. Nov. 2014.
Green, W. (2014). Eight West African states to benefit from $ 19 billion worth of infrastructure projects. http://www.supplymanagement.com/news/2014/eight-west-african-states-to-benefit-from-19-billion-worth-of-infrastructure-projects#sthash.PirbpS2f.dpuf. Zugegriffen: 8. Feb. 2015.
Gudehus, T. (2010). *Logistik: Grundlagen – Strategien – Anwendungen* (4. Aufl.). Heidelberg: Springer.
Guillaumont, P (2013). Impact de l'intégration sur la croissance. In A.-M. Geourjon, P. Guérineau, & P. Guillaumont, et al. (Hrsg.), *Intégration Régionale pour le développement de la Zone Franc*. Paris: Economica.

Gwilliam, K. (2011). *Africa's transport infrastructure. Mainstreaming maintenance and management.* Washington, D. C.: The World Bank.

Hamoui, Z. (2015). How a public-private partnership is tackling regional trade challenges in West Africa. https://www.devex.com/news/how-a-public-private-partnership-is-tackling-regional-trade-challenges-in-west-africa-85202. Zugegriffen: 26. April 2015.

Heritage Foundation. (2014). China global investment tracker. Washington, D. C. http://www.heritage.org/research/projects/china-global-investment-tracker-interactive-map. Zugegriffen: 18. Okt. 2014.

Hiller von Gaertringen, Christian (2014). *Afrika ist das neue Asien. Ein Kontinent im Aufschwung.* Hamburg: Hoffmann und Campe.

Hirsch, A. (19. August 2013). Niger to Ivory Coast rail link lays tracks for African infrastructure expansion. The Guardian. http://www.theguardian.com/global-development/2013/aug/19/niger-ivory-coast-rail-link. Zugegriffen: 18. März 2015.

Hofstede, G. (2001). Culture's consequences: Comparing values, behaviors, institutions, and organizations across Nations (2. Aufl.). http://geert-hofstede.com/national-culture.html. Zugegriffen: 22. Okt. 2014.

Hudetz, K., & Kaapke, A. (2009). *Lexikon Handelsmanagement: Controlling- Führung – Marketing.* Frankfurt a. M.: Deutscher Fachverlag.

ICA (The Infrastructure Consortium for Africa). (2014). *Infrastrucutre Financing Trends in Africa – 2013. ICA Annual Report -2013.* Tunis: African Development Bank.

IMF (International Monetary Fund). (2014a). *World economic outlook (Oct. 2014).* Washington, D. C.: IMF.

IMF (International Monetary Fund). (2014b). *Regional economic outlook: Sub-Saharan Africa – Fostering durable and inclusive growth.* Washington, D. C.: IMF.

IMF (International Monetary Fund). (2015a). *World economic outlook (April 2015).* Washington, D. C.: IMF.

IMF (International Monetary Fund). (2015b). *World economic outlook – Sub-Saharan Africa: Navigating headwinds. (April 2015).* Washington, D. C.: IMF.

Index Mundi. (o. J.) Crude oil (petroleum) price index. http://www.indexmundi.com/commodities/?commodity=crude-oil&months=. Zugegriffen: 13. April 2015.

Institute for Economics & Peace. (2014). Global peace index 2014. Sidney. http://www.visionofhumanity.org/sites/default/files/2014 %20Global%20Peace%20Index%20REPORT.pdf. Zugegriffen: 17. März 2015.

Kaberuka, D. (2015). *Remarks at the Africa CEO Forum 2015 on March 16th 2015 in Geneva, Switzerland.* African Development Bank Group.

Kamara, D. (2014). ECOWAS regional networks and sector governance challenges. http://capacity4dev.ec.europa.eu/system/files/file/10/10/2013_-_1322/2_6_1_ecowas_planification.pdf. Zugegriffen: 8. Feb. 2015.

Kenning, P. (2015). Definition Distribution. http://wirtschaftslexikon.gabler.de/Definition/distribution.html. Zugegriffen: 09. November 2015.

KIL (Kable Intelligence Limited). (2014). Ghana to upgrade airports to international standards. http://www.airport-technology.com. Zugegriffen: 23. Jan. 2015.

KIL. (2015). Simandou Iron Ore Project, Guinea. http://www.mining-technology.com/projects/-simandou-iron-ore-project-guinea/. Zugegriffen: 8. Feb. 2015.

Krampe, H., Lucke, H., & Schenk, M. (2012). *Grundlagen der Logistik* (4. Aufl.). München: Huss Verlag.

Krieger, W. (2015). Definition Tonnenkilometer. http://wirtschaftslexikon.gabler.de/Definition/tonnenkilometer-tkm.html?referenceKeywordName=tkm. Zugegriffen: 09. November 2015.

Leaders & Company Limited, Co. (2010). Lekki port: Construction begins 2011. http://www.thisdaylive.com/articles/lekki-port-construction-begins-2011/81142/. Zugegriffen: 22. März 2015.

Logistics Capacity Assessment. (2014). Niger Port of Cotonou. http://dlca.logcluster.org/display/public/DLCA/2.1.1+Niger+Port+of+COTONOU;jsessionid=405C96D282EA04C32BEB34E4AB66187D. Zugegriffen: 15. März 2015.

Lopes, C., & Zuma, N. (2013). *Economic commission for Africa: Making the most of Africa's commodities: Industrializing for growth, jobs and economic transformation*. Addis Abeba: United Nations Economic Commission for Africa.

Manners-Bell, J. (2015). Ending corruption in global logistics. http://www.koganpage.com/article/endemic-corruption-in-global-logistics. Zugegriffen: 8. Feb. 2015.

Marais, J. (2012). West Africa rails rebuilt with iron ore boom's proceeds: Freight. http://www.bloomberg.com/news/articles/2012-02-22/west-africa-rails-rebuilt-with-iron-ore-boom-s-proceeds-freight. Zugegriffen: 23. Jan. 2015.

Maritime Activity Reports Inc. (2014). Funds secured for 2nd Abidjan container port. http://www.marinelink.com/news/container-secured-abidjan372745.aspx. Zugegriffen: 15. März 2015.

Maritime Logistics & Trade Consulting. (2013). Market study on container terminals in West and Central Africa. http://www.afd.fr/webdav/shared/ELEMENTS_COMMUNS/pdf/MLTC_CATRAM_market_study_container_terminals_West_and_Central_Africa.pdf. Zugegriffen: 27. März 2015.

Martin, P., Mayer, T., & Thoenig, M. (2008). Make trade not war. *Review of Economics Studies, 75*(3), 865–900.

Mbekeani, K. (2013). *Understanding the barriers to regional trade integration in Africa*. Tunis: African Development Bank Group.

Meißner, L. (2013). Die zehn wichtigsten Infrastruktur-Projekte. *Afrika Wirtschaft, 6*, 16–17.

de Melo, J., & Tsikata, Y. (2014). *Regional integration in Africa – Challenges and prospects*. WIDER Working Paper 2014, Nr. 37. World Institute for Development Economics Research. Helsinki, Finland.

de Melo, J., & Laski, A. (2014). *Reflections on Adapting to the ECOWAS CET*. Fondation pour les Études et Recherches sur le Développement International. Clermont-Ferrand. Archive Ouverte UNIGE, Genf.

Mercator Media Ltd. (2015). From famine to feast. http://portstrategy.com/news101/world/africa/w-africa-article. Zugegriffen: 15. Feb. 2015.

Mo Ibrahim Foundation. (o. J.). Ibrahim index of African Governance 2014. http://www.moibrahimfoundation.org/iiag/. Zugegriffen: 14. März 2015.

Mo Ibrahim Foundation. (2014). *Regional integration: Uniting to compete*. Mo Ibrahim Foundation.

Mundy, M., & Penfold, A. (2008). Beyond the bottlenecks: Ports in Sub-Saharan Africa. In *Background Paper No. 8, Africa infrastructure country diagnostic*. Washington, D. C.: World Bank.

Nathan Associates Inc. (2013). Logistics cost study of transport corridors in Central and West Africa. http://www.ssatp.org/sites/ssatp/files/publications/SSATP_Logistics_Cost_Study_Complete%20with%20annexes%20Final%20September%202013.pdf. Zugegriffe: 7. März 2015.

Nelson, J., Ishikawa, E., & Geaneotes, A. (2009). Developing inclusive business models – A review of Coca-Cola's manual distribution center in Ethiopia and Tanzania. Hg. v. Harvard Kennedy School and International Finance Corporation. http://www.hks.harvard.edu/m-rcbg/CSRI/publications/other_10_MDC_report.pdf. Zugegriffen: 28. Feb. 2015.

NEPAD (The new Partnership for Africa's development). (2015a). History. http://www.nepad.org/history/. Zugegriffen: 26. April 2015.
NEPAD (The new Partnership for Africa's development). (2015b). NEPAD thematic areas. http://www.nepad.org/thematic-area. Zugegriffen: 26. April 2015.
NEPAD (The new Partnership for Africa's development). (2015c). NEPAD agency. http://www.au-pida.org/nepad-agency. Zugegriffen: 26. April 2015.
NEPAD (The new Partnership for Africa's development). (2015d). About Pida. http://www.au-pida.org/about-pida. Zugegriffen: 26. April 2015.
NEPAD Business Foundation. (2013). *The CBC Africa Infrastructure Investment Report 2013*. London: Commonwealth Business Council.
Nigerian Ports Authority. (o. J.). Ports authority homepage (various sub-pages). http://www.nigerianports.org/. Zugegriffen: 15. März 2015.
OECD. (2002). *Investissements en infrastructure de transport et développement régional*. Paris: OECD. http://www.internationaltransportforum.org/Pub/pdf/02RTRinvestF.pdf. Zugegriffen: 18. März 2015.
Okello, B. (2013). A story from „Coca Town": Celebrating A $ 20 M investment in rural Ethiopia. http://www.coca-colacompany.com/coca-cola-unbottled/a-story-from-coca-town-celebrating-a-20m-investment-in-rural-ethiopia. Zugegriffen: 28. Feb. 2015.
Otegbeye, B. (o. J.). Réalisation boucle ferroviaire Cotonou-Niamey-Ouaga-Abidjan L'Ocbn sur de nouveaux rails. http://gouv.bj/actualites/marina/realisation-boucle-ferroviaire-cotonou-niamey-ouaga-abidjan-locbn-sur-de-nouveaux-rails. Zugegriffen: 22. März 2015.
PIDA (The Programme for Infrastructure Development in Africa). (2011). Africa infrastructure – Synthesis report. http://vpic.chappie.2stroke-staging.co.za/documents/Synthese/SRE-Synthesis-Report.pdf. Zugegriffen: 26. April 2015.
Pinsent Masons LLP. (2014). China joins funding for port expansion project in Cote d'Ivoire. http://www.out-law.com/en/articles/2014/december/china-joins-funding-for-port-expansion-project-in-cote-divoire/. Zugegriffen: 15. März 2015.
Port Autonome de Dakar. (o. J.). Port homepage. http://www.portdakar.sn/index.php?option=com_content&view=category&layout=blog&id=62&Itemid=234&lang=en. Zugegriffen: 15. März 2015.
Pourtier, R. (1990). L'Afrique dans tous ses États. *Espaces temps, 43*, 43–44.
Punch Nigeria Limited. (2015). Lagos-Ibadan Expressway to be completed before August 2017. http://www.punchng.com/business/business-economy/lagos-ibadan-expressway-to-be-completed-before-august-2017/. Zugegriffen: 22. März 2015.
PWC (PriceWaterhouseCoopers). (2013). Africa Gearing up. http://www.pwc.com/en_M1/m1/publications/africa_gearing_up_-_transport_and_logistics_industry-web.pdf. Zugegriffen: 15. März 2015.
Raballand, G., & Tervaninthorn, S. (2008). Transport prices and costs in Africa: A review of the main international corridors. Washington, D.C.: World Bank. https://openknowledge.worldbank.org/bitstream/handle/10986/6610/461810PUB0Box3101OFFICIAL0USE0ONLY1.pdf?sequence=1. Zugegriffen: 18. März 2015.
Recker, E. (2013). *Wettbewerber-Report Eisenbahn 2013/2014*. Berlin: mofair e. V.
Reuters. (2014). Chinesen bauen in Nigeria Milliarden-Bahnstrecke. http://www.handelsblatt.com/unternehmen/industrie/auftrag-fuer-bahnkonzern-crcc-chinesen-bauen-in-nigeria-milliarden-bahnstrecke/11006702.html. Zugegriffen: 20. Nov. 2014.
SeaIntel Maritime Analysis. (o. J.). Port overview Africa. http://www.portoverview.com/ports/port/11/. Zugegriffen: 3. Feb. 2015.

SOFRECO Led Consortium. (2011). PIDA study synthesis. http://www.nathaninc.com/sites/default/files/Pub%20PDFs/ProgrammeForInfrastructureDevelopmentInAfricaSynthesisPublication_0.pdf, S. 67. Zugegriffen: 22. März 2015.
Stadt Wilhelmshaven. (2015). Das Güterverkehrszentrum (GVZ) des JadeWeserPort bietet Industrie- und Logistikflächen mit einzigartigen Standortvorteilen. http://www.wilhelmshaven.de/wirtschaft_arbeit/jadeweserport.htm. Zugegriffen: 7. Feb. 2015.
Stapleton, O., van Wassenhove, L., & Yadav, P. (2013). Learning from Coca-Cola. *Stanford Social Innovation Review, Winter*, 50–55.
Statista. (2015). Anzahl der Piratenüberfälle weltweit von 2006 bis 2015. http://de.statista.com/statistik/daten/studie/75315/umfrage/anzahl-der-piratenueberfaelle-weltweit-seit-2006/. Zugegriffen: 20. Feb. 2015.
Steck, B. (2012). West Africa facing the lack of traffic lanes. EchoGeo, Vol. 20, 2012. http://echogeo.revues.org/13101; doi:10.4000/echogeo.13101. Zugegriffen: 27. März 2015.
Steer Davies Gleave. (2012). Study to assess the potential for enhanced private participation in the maritime and air transport sectors in Africa. http://www.icafrica.org/fileadmin/documents/Knowledge/Transport/ICA_PP_Maritime_Air_Final%20Report%20vfinal.pdf. Zugegriffen: 23. März 2015.
Strategic Research Institute. (2015). APM terminals equipment investments at Algeciras and Apapa. http://logistic.steelguru.com/global/3037/apm_terminals_equipment_investments_at_algeciras_and_apapa. Zugegriffen: 15. März 2015.
Tancott, G. (2014). Transportation and logistics in Sub-Saharan Africa. http://www.transportworldafrica.co.za/2014/03/24/transportation-and-logistics-in-sub-saharan-africa/. Zugegriffen: 23. Jan. 2015.
The Coca-Cola Company. (2014). 2013/2014 sustainability report. http://assets.coca-colacompany.com/1a/e5/20840408404b9bc484ebc58d536c/2013-2014-coca-cola-sustainability-report-pdf.pdf. Zugegriffen: 28. Feb. 2015.
The Economist. (2000). *The hopeless continent.* 13.5.2000. London: The Economist Newspaper Ltd.
The Economist. (2011). *Africa rising. 3.12.2011.* London: The Economist Newspaper Ltd.
Thommen, J.-P. (2008). *Lexikon der Betriebswirtschaft* (4. Aufl.). Zürich: Versus Verlag.
UEMOA. (2013a). 24th Road Governance Report. Borderless Alliance, Lagos. http://borderlesswa.com/resources/24th-usaid-uemoa-road-governance-map. Zugegriffen: 3. Feb. 2015.
UEMOA. (2013b). *23rd road governance report.* Lagos: Borderless West Africa.
UN-HABITAT. (2014). *The state of African cities 2014.* Nairobi: United Nations.
UNCTAD (United Nations Conference on Trade and Development). (2014a). *Economic development in Africa Report 2014. Catalysing investment for transformative growth in Africa.* New York: United Nations.
UNCTAD (United Nations Conference on Trade and Development). (2014b). *World Investment Report 2014.* New York: United Nations.
UNDP (United Nations Development Program). (2014). *Human Development Reports 2014 – Sustaining Human Progress.* UNDP, New York.
UNECA (United Nations Commission for Africa). (2012). *Recent economic and social developments in West Africa and prospects for 2012.* Paris: JePublie.
UNECA (United Nations Commission for Africa). (2013). *Africa – BRICS Cooperation: Implications for growth, employment and structural transformation in Africa.* Ethiopia: Addis Ababa.

USAID. (2014). Borderless Alliance. http://www.usaid.gov/news-information/fact-sheets/borderless-alliance. Zugegriffen: 26. April 2015.
Vanguard Media Limited. (2014). Lekki International Airport project on course. http://www.vanguardngr.com/2014/02/lekki-international-airport-project-course-fashola/. Zugegriffen: 22. März 2015.
VDMA (Verband der Deutschen Maschinen- und Anlagenbauer). (2014). Afrika bietet deutschen Maschinenbauern hervorragende Wachstumsperspektiven. Pressemitteilung vom 27.10.2014. http://www.nordic-market.de/news/18285/vdma_afrika_bietet_deutschen_maschinenbauern_hervorragende_wachstumsperspektiven.htm. Zugegriffen: 29. Okt. 2014.
WEF (World Economic Forum). (2013a). *The African Competitiveness Report 2013*. Genf: WEF.
WEF (World Economic Forum). (2013b). *Strategic Infrastructure in Africa – A business approach to project accelelration*. Genf: WEF.
WEF (World Economic Forum). (2014). *The global competitiveness report 2014–15*. Genf: WEF.
WHO (World Health Organization). (2013). *Global status report on road safety*. Genf: WHO.
World ACD. (2015). Growth in Africa- Yes, but where exactly? http://www.worldacd.com/trendsmarch2014. Zugegriffen: 23. Jan. 2015.
World Bank. (o. J.). *Enterprise survey data*. Washington, D. C.: World Bank Group. http://www.enterprisesurveys.org/data/survey-datasets. Zugegriffen: 27. Nov. 2014.
World Bank. (2013a). *Doing business 2014 – Understanding regulations for small and medium-size enterprises*. Washington, D. C.: World Bank Group.
World Bank. (2013b). *Air transport annual report 2013*. Washington, D. C.: The World Bank. http://siteresources.worldbank.org/INTAIRTRANSPORT/Resources/514573-1161182595069/FY13-Air-Transport-Annual-Report.pdf. Zugegriffen: 17. März 2015.
World Bank. (2014a). *Global economic prospects. Shifting priorities, building the future*. Washington, D. C.: World Bank Group.
World Bank. (2014b). *Doing business 2015. Going beyond efficiency*. Washington, D. C.: World Bank Group.
World Bank. (2014c). *Doing business 2015. Going beyond efficiency. Regional profile 2015 – Economic Community of West African States (ECOWAS)*. Washington, D. C.: World Bank Group.
World Bank. (2015a). *Logistics performance index 2014*. http://lpi.worldbank.org. Zugegriffen: 14. Feb. 2015.
World Bank. (2015b). *World development indicators*. http://data.worldbank.org/data-catalog/world-development-indicators. Zugegriffen: 7. Feb. 2015.
World Bank. (2015c). *The economic impact of Ebola on Sub-Saharan Africa: Update estimates for 2015*. Washington, D. C.: World Bank Group.
World Port Source. (2015). *Western Africa*. http://www.worldportsource.com. Zugegriffen: 21. Feb. 2015.
WTO (World Trade Organization). (2015). *Statistics data base*. http://stat.wto.org/Home/WSDBHome.aspx. Zugegriffen: 31. Jan. 2015.
Yadav, P., Stapleton, O., & van Wassenhove, L. (2013). *Learning from Coca-Cola. Stanford Social Innovation Review, Winter*, 49–55.

The manufacturer's authorised representative in the EU is Springer Nature Customer Service Centre GmbH, Europaplatz 3, 69115 Heidelberg, Germany. If you have any concerns regarding our products, please contact ProductSafety@springernature.com

Printed and bound by CPI Group (UK) Ltd, Croydon, CR0 4YY
23/03/2026
02076393-0004